JN290469

札幌・小樽散歩
コース 24
Sapporo Otaru Sanpo

北海道高等学校日本史教育研究会 編

山川出版社

北海道大学農学部第二農場 旧模範家畜房(通称；モデルバーン)　北海道最初の畜産経営の実践農場として建てられたこれらの建物は，札幌農学校としてはじまった北海道大学の原点ともいえるものである。

豊平館　開拓使直属の洋風ホテルとしてスタートした豊平館は，やがて公会堂としての機能もはたすようになり，長く文化活動の拠点となっている。

羊ヶ丘公園とクラーク像　"少年よ，大志をいだけ"の言葉を残したとされるクラーク博士。羊ヶ丘公園といういかにも北海道らしい風景のなかにたたずむその銅像は，何を見つめているのだろう。

路面電車が走る風景　1918(大正7)年に産声をあげた札幌の路面電車。市バスや地下鉄が行き交うなか，昔ながらの風情を残しながら180万人都市札幌における市民の貴重な足として，今でも多くの人びとに愛されている。

大通公園 街区を区切る火防線として1871(明治4)年につくられた大通。東西にのびる幅約105mのこの通りは、その後着実に公園としての歩みを続けた。北の都札幌の象徴とさえなったこの大通公園をメイン会場として、毎年2月には「さっぽろ雪まつり」が開催される。

日本銀行旧小樽支店 "北のウォール街"とよばれた小樽色内界隈でも、ひときわ目につく日本銀行旧小樽支店。荘重なルネッサンス様式の石造建築物である。

旧青山別邸 小樽の海を見下ろす高台にある旧青山別邸。ニシン漁網元の青山家が贅の限りを尽くして建てたこの建物は、柱や階段、襖や屏風など、邸内すべてが美術品といった趣がただよっている。

旧下ヨイチ運上家 近世蝦夷地の「場所」経営を物語る下ヨイチ運上家。運上家(屋)の遺構としては現存する唯一のものである。

目次

札幌・小樽のあゆみ

第Ⅰ部　札幌・小樽散歩24コース

1. 札幌農学校ゆかりの地を歩く ———— 12
2. 街中の歴史的建造物を訪ねる ———— 15
3. 中島公園とその界隈を歩く ———— 18
4. 路面電車の沿線を歩く ———— 21
5. 札幌の産業史を歩く ———— 24
6. 東区のななめ通を歩く ———— 26
7. 円山公園界隈を歩く ———— 29
8. 大倉山で鳥人になる ———— 32
9. 農地広がる羊ヶ丘・月寒を歩く ———— 34
10. 札幌の牧牛と軟石ゆかりの地 ———— 37
11. 本願寺街道を定山坊と歩く ———— 40
12. 琴似・発寒、屯田兵からコンサドーレへ ———— 43
13. 新琴似屯田を訪ねる ———— 45
14. 野幌森林公園周辺を歩く ———— 47
15. 「北のウォール街」の面影を訪ねる ———— 49
16. 小樽、文学の地を訪ねる ———— 53

⑰	小樽の美術館と博物館を歩く	56
⑱	小樽手宮・祝津方面を歩く	59
⑲	花園・南小樽界隈を歩く	62
⑳	余市、日本海交易の足跡を訪ねる	66
㉑	野幌丘陵開拓の地を歩く	70
㉒	バターと稲作発祥地、札幌本道	75
㉓	サケとハマナスのふるさと石狩	78
㉔	当別・月形、開拓の足跡	82

第Ⅱ部　札幌・小樽散歩事典
あとがき／札幌市・小樽市および周辺の博物館など一覧
札幌市・小樽市および周辺の指定文化財
参考文献／年表／索引

凡例
1. 第Ⅰ部コース表は、徒歩→　市電➡　バス⇨　電車➡　で交通手段を表記し、所要時間は分単位で示した。表の最下段にはコース全体のおよその所要時間を示した。
2. 第Ⅱ部で道指定以上の文化財を全ては網羅することができなかったので、巻末に〈札幌市・小樽市および周辺の指定文化財〉としてまとめた。本文中の文化財の区別は国指定以上を（　）で示した。国指定重要文化財＝（国重文）、国指定史跡＝（国史跡）、国指定名勝＝（国名勝）。
3. 第Ⅰ部の本文中内の太字は、第Ⅱ部にある項目を示す。
4. 地名の表記については、原則として現在使われているものと歴史的に使用されているものを区別した。また駅名・バス停などは実際使用されている表記にしたがった。

札幌・小樽のあゆみ

> 自然・風土

北海道は石狩湾から苫小牧にいたる標高100m以下の石狩低地帯で北海道中央部と北海道西部に区分され、札幌、小樽はそれぞれの西端と東端に位置している。

札幌は中央部から見渡すと、南西部に手稲山などの山々、南方から東方にかけては低平な月寒台地と野幌丘陵、そしてこれらに囲まれるように豊平川扇状地(札幌扇状地)や発寒川扇状地があり、豊平川の河岸段丘や野幌丘陵の海岸段丘などがある。そしてこれらの北方に石狩平野が広がり、札幌はこの石狩平野南西部の大半を占めている。豊平川はアイヌ語のサッ・ポロ・ペッ(乾く・大きい・川)を語源とするサッポロ川を古名とし、札幌南西部の山岳地帯を源に南区真駒内あたりで峡谷部からぬけだし、そのあたりを扇頂として北にむかいJR札幌駅北側まで扇状地を形成している。サッポロ川とよばれていたころは苗穂のあたりから伏籠川を流れ、篠路川沿いに茨戸近くで旧石狩川(茨戸川)に合流していたが、19世紀のはじめに現在のように対雁の方向に流路をかえ石狩川に合流している。扇頂部から地下を潜って流れてきた伏流は、末端近くでメムとよばれる泉となってわきでる。今は北海道庁や北海道大学構内などに名残りがみられるだけであるが、明治期には現在の大通以北に13カ所のメムがあってそこから旧琴似川や伏籠川などの支流が流れでていた。それらの小川は湿地帯の谷地にはいり、氾濫原を蛇行しながらやがて石狩川に合流し、石狩川はアイヌ語でイシカラ・ペッ(回流する川)の名のごとくさらに大きく蛇行しながら石狩湾にそそいでいる。

一方、アイヌ語でオタ・オル・ナイ(砂浜の中の川)を語源とする小樽は、北海道西海岸のほぼ中央部にあり、その大部分が丘陵地で海岸線を弧状に囲む天狗山、毛無山、赤岩などの山々が連なる。平地部はわずかに色内、勝内、朝里など、各河川の流域にみられる程度で、まさに海と山と坂の街である。

> 原始・古代

ヒトが北海道にいつごろから住みつくようになったかは不明であるが、北海道で確認され

ている最古の遺跡は千歳市祝梅三角山遺跡（2万3000〜2万年前）である。これは後期旧石器時代で石刃技法がまだ未熟な小型剝片石器を主体とする遺跡である。北海道での旧石器時代の遺跡約520カ所は，おもに黒曜石を多用する北東部地域と硬質頁岩を多用する南西部地域に分けられるが，その両地域の中間部ともいえる石狩低地帯には，当時内陸砂丘が形成され，その古砂丘の頂部に三角山遺跡がある。

　北海道の縄文時代については，対馬海流が日本海に流入しはじめそれが北海道に影響を与えるのが約8000年前からで，約6000年前が北海道でもっとも温暖な時期であった。そのころは内陸部の標高約3m前後のところまで海で，縄文時代前期の集落遺跡は当時の海岸線や現在の丘陵などの縁にあたるところにみられる。千歳市美々貝塚は縄文海進最盛期にもっとも内陸に形成された大小4カ所からなる大規模な貝塚である。札幌市内では縄文時代早期の遺跡は23カ所ほど確認されているが，前期の遺跡は10カ所ほどである。この縄文時代前期は土器や竪穴住居，集落規模も大型化している。温暖な環境が人の移動をうながし，縄文時代前・中期を代表する道南中心の円筒土器文化が北海道全域に広がった。札幌でも縄文時代中期の遺跡がもっとも多く約100カ所近くあり，市内全遺跡の半数近くを占める。

　しかし約5000年前以降になると，気候が一変して寒冷化が進み海も後退し海岸部に砂丘が形成された。気候の寒冷化に伴い，人びとの生活環境も一変する。縄文時代後期中葉になると，土器も大形・筒型・厚手の円筒土器から，用途別のさまざまな器種をもつ土器へと移行した。墓制のうえでも小樽市忍路環状列石のように，石で一定の範囲を区画したストーンサークル（環状列石）がつくられる。ちなみに同地域には配石遺構が半径4km圏内に110基近く確認されており国内最大の密集地域である。縄文時代後期末葉になるとストーンサークルは竪穴のまわりに土を積んだ周堤墓（環状土籠）へと変わる。千歳市のキウス遺跡2号土壙は外形75m，円周150mにも達する最大規模の

周堤墓で，この造営には25人がかりでおよそ4カ月の労働力を要するという試算もある。周堤墓は渡島半島と道北を除く北海道各地にみられるが，全道の約9割が石狩低地帯南部に集中している。こののち周溝墓にかわるが，縄文時代後期から晩期にかけての副葬品は，土器や漆櫛などの漆器類，石鏃・尖頭器などの狩猟具，石棒や土偶など種類や量が豊富で，呪術や祭祀などの儀礼が盛んに行われていた。千歳市美々4遺跡の祭祀場からは3000年前ごろの動物型土製品，恵庭市柏木B遺跡からも同じころの石棒，さらに縄文時代晩期の千歳市ママチ遺跡からは土面が出土している。なお札幌市内の縄文時代後期の遺跡は約35カ所で，晩期は9遺跡と多くはない。

　本州で弥生文化にかわったのちも稲作が伝わらなかった北海道では，紀元前3世紀ごろに続縄文文化に移行する。北海道は再び温暖な気候にかわり，続縄文文化は北日本の縄文文化要素と樺太や北方諸地域の文化的影響をうけながら，7～8世紀ごろまで北海道独自の文化として展開した。続縄文時代の代表的なものとして，東北の影響を強くうけた道南の恵山文化と，より北海道の伝統的な文化といえる石狩低地帯中心の江別文化があるが，紀元4～5世紀ごろには江別文化は道南へも波及し，さらに東北地方にまで拡大している。続縄文時代中期～後半の彫刻が洞窟内岩壁に刻まれている小樽市手宮洞窟遺跡は，北東アジアの人びととの交流がうかがえ，続縄文時代後半の祭祀場といわれる余市町フゴッペ洞窟遺跡も岩壁の線刻画のほか，大陸系の土器や樺太の鈴谷式土器の出土など同じく海をこえた交流がうかがえる。JR札幌駅北口K135遺跡からは，続縄文時代後半の後北式土器や東北地方の弥生系土器がまとまって出土し，土坑・焚火跡からはサケの焼骨が多数でている。江別市江別太遺跡からは続縄文時代中期の江別式土器や後半期の柄つき石ナイフ，棍棒などが出土し，当時の河川漁労を中心とする生活や続縄文時代後半を席巻した江別文化を知ることができる。札幌市内の続縄文時代の遺跡47カ所は縄文時代より広い範囲に分布している。

そして続縄文時代の終末には本州の古墳文化とのつながりがより強くなる。土師器が伝わり、土器の文様から縄文が消え擦文土器にかわった。この本州文化の強い影響のもとに成立し、7〜12・13世紀ごろまで北海道全域に広がった文化が擦文文化である。擦文時代の竪穴住居趾は、海岸の砂丘上や比較的大きな河川の河口近くの段丘上に分布しており、生業が河川漁労中心であったことがうかがわれる。小樽では忍路や蘭島の遺跡からそのころの土器が多く出土し、また鎌や蕨手刀など本州からもちこまれた鉄器も出土している。札幌市内での遺跡は91カ所ある。北海道大学構内のサクシュコトニ川遺跡ではテシ遺構がみつかっており、9世紀中ごろの層からは「夷」の異体字とみなされる「㚖」字刻書土器が出土し、余市町大川遺跡からも同じく9世紀後半〜10世紀初頭の「㚖」字刻書土器が出土している。

　本州文化との関わりでいえば江別市旧豊平川河岸の後藤遺跡や恵庭市茂漁川河岸の茂漁遺跡などの北海道式古墳がある。東北北部の末期古墳の系統をひく小さな墳丘墓であるが、蕨手刀・毛抜形刀などの鉄器や土師器・須恵器、勾玉や装身具などが出土している。8世紀後半〜9世紀前半の造営といわれ、築造者は東北地方北部と交流をもった北海道の有力者、または東北地方からの移住者という説があるが、前者の『日本書紀』などで渡嶋蝦夷とよばれている在地集団と考えるのが妥当であろう。この渡嶋蝦夷の中心的居住圏とみられる石狩低地帯は、縄文時代以降「南北の文化の境界線上にあり、文化のクロス・ロードとしての役割をはたしてきた」(田端宏ほか『北海道の歴史』山川出版社)。余市町大川遺跡からは青銅製鈴や黒色土器など、北東アジアとの交流を示すものも出土している。

　ところで6〜7世紀ごろ、樺太南部で成立したオホーツク文化が宗谷海峡をこえ渡来している。網走市モヨロ貝塚に代表される遺跡は道内に約180カ所が確認され、大半が日本海北部沿岸と流氷が接岸するオホーツク海沿岸から千島列島にかけてである。海獣猟や漁労で生活し、動物への儀礼や信仰の存在

もいわれている。オホーツク文化は6世紀そして8〜9世紀末にかけての温暖期に道内で急速に拡大し、そして9世紀末から急速に勢力を失い擦文文化に吸収され、10世紀には北海道から姿を消している。最近、道南の奥尻島から6〜7世紀とみられるオホーツク文化期の遺跡がみつかり注目されている。

中世

本州が鎌倉時代にはいると、日本海交易による商品が北海道にさらに流入し、鉄鍋、中世陶磁、漆器や木器が一般的に使用されるようになり、内耳鉄鍋や土鍋が平地式住居の炉で使用されるようになる。こうして擦文社会は急激な変化をうけた。すなわち13世紀には擦文文化が終わりをつげ、住居はチセとよばれる地上の家屋にかわり、カマドは炉になる。アイヌ文化は擦文文化とオホーツク文化が接触・融合するなか、両文化の各種要素を取りいれる形で成立したものといえ、「旧琴似川の擦文時代の遺跡に類似した立地・生業がみられた続縄文時代後期の札幌市K135遺跡の生活跡をみるかぎりでは、少なくとも道央部ではこの時期までアイヌ文化の直接的なルーツをたどることができるようである」(『新札幌市史』第1巻通史1)という。

鎌倉末期、津軽の豪族安東(安藤)氏は北条氏の代官として十三湊を拠点に秋田から蝦夷カ島まで勢力をおよぼしていたが、糠部南部を拠点とする南部氏と抗争となり15世紀前半に南部氏に破れ敗走、蝦夷カ島に渡海した。1356(延元元)年に成立した長野県諏訪神社『諏訪大明神絵詞』に、「蝦夷が千嶋」には「日ノモト・唐子・渡党」の3類が群居しているとある。日ノ本は北海道東海岸のアイヌ、唐子は樺太経由で大陸文化の影響をうけている北海道西海岸のアイヌ、渡党は道南のアイヌあるいは鎌倉期以来道南に居住した和人と考えられる。15世紀半ば、渡島半島先端部には和人、和人系渡党、アイヌ系渡党、アイヌなどの諸集団が混住し、土豪化したもののなかには館を築いて交易に従事するものもおり、館主は安東氏と臣従関係を結んでいた。アイヌは道南で和人と接し、東北地方とも交易活動を行い、樺太や大陸でもその地の諸民族と交易を行っていた。14

世紀末には樺太へ進出し，明との朝貢交易でいわゆる唐物を得ていた。しかし15世紀後半に明がアムール川流域から後退すると，アイヌはそれらを入手できなくなり和人との交易の優位性を失ったという。1457(康正2)年のコシャマインの戦いは，アイヌ青年と箱館東部志苔館付近の鍛冶屋とのマキリ(小刀)をめぐる争いが発端であるというが，背景には渡党とよばれる和人とのあいだに生じた交易での矛盾や対立があったといえる。このコシャマインの戦いののち，北の戦国時代ともいわれる戦乱期を通して上ノ国花沢館の館主蠣崎氏の客将武田信広による蠣崎政権が成立する。1593(文禄2)年5代蠣崎慶広のとき，豊臣秀吉から蝦夷島主として認められ，まもなく安東氏から自立，松前と改称する。

近　世　1604(慶長9)年，松前氏は徳川家康より黒印状をうけ蝦夷地交易権を得るともに江戸幕藩体制の一員となった。米のできない松前藩の存立基盤はアイヌとの交易独占権であった。そのため藩の所在する和人地と交易する場所としての蝦夷地を区分し，さらに蝦夷地を東西に分け，交易場としての商場を設定，それを藩主一族や上級家臣に知行地としてあたえた。知行主は交易船をだして商場地域のアイヌと物々交換し，入手した産物を本州商人に売却して知行とした。寛文期(1661～73)の『津軽一統志』にはハツシヤフ(発寒)やサツホロについての記事やオシヨロ(忍路)，シクスシ(祝津)，石狩の地名がみえる。その後イシカリ川流域の商場はいわゆるイシカリ十三場所と総称されるが，商場知行制下での場所請負制確立は享保期(1716～36)で，オタルナイ場所の開設も享保期という。元文期(1736～41)の『蝦夷商賣聞書』にはシクゾイシ(祝津，のちのタカシマ場所)は「鯡漁之大場所」とあり，当時の和人地でのニシン漁の不漁に対して蝦夷地入漁が認められ，それにともない和人地漁民が北上し，蝦夷地に定住するものもでている。

　18世紀中ごろ，ロシアの蝦夷地接近という情勢下，幕府の蝦夷地政策は蝦夷地内国化へ転換する。その後ゴローウニン事件

の解決で日露間の緊張が緩和され，1821(文政4)年には松前氏復領となった。しかし再びロシアの南下が活発となり，幕府による大規模な蝦夷地調査の結果，1855(安政2)年蝦夷地の再直轄となる。そして蝦夷地開拓政策の一環としてイシカリ改革が実施される。石狩地方は箱館と樺太との中間地点として重要視され，増毛から岩内までをイシカリ役所に管轄させ，樺太警備のための千歳街道や屯田兵ともいえる在住が発寒と星置におかれた。1866(慶応2)年には，大友亀太郎によるイシカリ御手作場(札幌元村)が開かれ，大友堀の開削も行われた。

小樽ではニシン漁の盛況とともにオタルナイ場所中心地の移動もあったが，蝦夷地移住奨励策もあって出稼漁民が急増し，1865(元治2)年には「村並」となり，1869(明治2)年，穂足内から小樽へ改称された。

近代・現代　明治新政府は，1869年，開拓使を設置，蝦夷地を北海道と改称して11国86郡を設置した。開拓使判官島義勇は本府建設のため小樽郡銭函に開拓使仮役所を設置，札幌本府建設に取り組んだ。ところが島は札幌本府の位置と市街地区画の決定にあたって，豊平川扇状地の地形を認めるとともに湧水のあるその末端部に本府の建設を選定したという。当時の札幌は，豊平川とそこから引かれた大友堀，そしてこれに交差する「札幌越新道」(銭函・勇払)だけが走る，若干のアイヌと和人2戸7人のみという地であった。島は開拓当初より計画的な都市造りを進め，街を大通りで南北，大友堀で東西に分けるという碁盤都市を想定し，大通りの北側は官公地，南側は商業地という基本的な街並みはこのときに決定された。

1871(明治4)年，札幌の開拓支庁が本拠となり，判官岩村通俊は銭函仮役所を小樽に移し小樽仮役所とした。この年，開拓使召募移民100余人が札幌周辺の月寒，平岸，篠路，対雁，花畔，生振，白石，手稲の各村に入地している。東本願寺による有珠・札幌間道路(本願寺道)の開削もはじまり，1873年には亀田村・札幌間の札幌本道も完成した。屯田兵も，1875年最初に札幌郡琴似村に入地したのをはじめに，1889年の琴似村(篠

路)まで断続的に入植した。1899年には屯田兵の募集も終わるが、全道での屯田兵入植は37兵村7337戸におよんでいる。また1875年には樺太千島交換条約により日露間の国境問題が解決するが、樺太アイヌ800余人が宗谷に移され、翌年さらに石狩国対雁に移住させられた。1876年W・S・クラークを教頭とする札幌農学校(現、北海道大学)も開校し、1881年には札幌市街の通・町の町名が現在の南北条、東西丁目となった。

　1882年、開拓使が廃止され、函館・札幌・根室の三県制となる。しかし三県制は行政効率が悪く、1886年には北海道庁となり初代長官に岩村通俊が就任した。1918(大正7)年路面電車が札幌を初めて走り、定山渓鉄道も白石・定山渓間で営業が開始された。とくに1922(大正11)年の市制施行以来、近隣町村との合併・編入によって市域と人口を拡大し、1970(昭和45)年には人口100万人をこえた。1941年円山町、1950年白石村を合併、この年第1回雪まつりが開催されている。これ以後も琴似町、札幌村、篠路村、豊平町、手稲町を合併し市域は当初の4倍近くとなった。1971年には地下鉄南北線が開業し、1972年には第11回オリンピック冬季札幌大会が開催された。この年札幌は政令指定都市となり区制が施行され、さらに1982年地下鉄東西線、1988年には地下鉄東豊線が開業した。札幌市の人口は1984年には150万人を突破し、1989(平成元)年に厚別区、手稲区が分区、1997年には清田区が分区して10区体制となり、北海道の人口の約3割を擁する全国5番目の都市となっている。

　そして2001年には新たな札幌のランドマークとして札幌ドームHIROBAがオープンし、翌2002年には2002FIFAワールドカップが開催された。早くから開かれた道南の諸地域にくらべると札幌の開発は遅かったといえるが、幕末の時点ですでに近藤重蔵や松浦武四郎らによって、この広い北海道を統轄する地として注目されており、島義勇によって本道の首府として開拓支庁本府がおかれて以来、一貫して札幌は本道における政治・経済・文化そのほか、さまざまな分野の中心地として発展してきた。

一方，小樽は開拓本府が札幌におかれると北海道開拓の最重要港湾として位置づけられ，1880(明治13)年の函館・小樽間の定期航路開設や北海道で最初，国内でも3番目に手宮・札幌間の鉄道開通で急速に発展した。1887年ごろになると北前船にかわって西洋型帆船や汽船が入港するようになり，1889年には米・酒などを輸出できる特別輸出港，1899年には国際貿易港となって横浜，神戸につぐ貿易港となる。この年小樽に区制が施行され，1885年の人口約1万3000人が約6万2000人に急増している。さらに日露戦争後は南樺太への消費物資供給地としても繁栄し，貨物の増大に対して1923年には運河が完成された。この間，色内や手宮の海岸が埋めたてられ石造り倉庫もたちならび，市街地の中心も勝納地区から入船・港町そして稲穂・色内方面へ移動した。色内通を中心とする色内地区は，明治中〜後期から大正，昭和初期にかけて小樽経済の中枢部となり，とくに「北のウォール街」とよばれる銀行街は，本道金融界の中心地としても重要な役割をはたした。

　1922年には市制が施行されたが，第一次世界大戦後は輸出入が急減し，不況が続き，戦後も経済情勢，流通機構の変化は小樽の港湾・海運の低迷となり，さらに札幌経済圏の圧迫で経済が衰退した。ながらく「斜陽の都市」といわれ経済低迷が続くなか，運河をめぐる「保存か，埋めたてか」の「運河論争」もおこった。そして十数年にわたる論争の結果，1986年半分を埋めたてて半分を保存した現在の姿となったが，その運河の景観が全国の注目を浴び，観光都市への再生の一歩となった。また市内に数多く現存している明治，大正，昭和初期の建築物が歴史的建造物としてあらたな観光資源となっている。これまでの道央圏や後志圏の流通拠点としての都市基盤を生かし，商工港湾観光国際都市として小樽運河や港湾，都市施設，観光資源を生かした新しい街づくりが進められている。

第 I 部

札幌・小樽散歩 24コース

大倉山からのジャンパー前方にみえる札幌市街(上)小樽紅葉橋の坂(下)

1 札幌農学校ゆかりの地を歩く

エルムの杜(もり)とよばれる北海道大学周辺を訪ねれば，開拓期の時代と文化を見守ってきたものいわぬ生き証人たちに出会える。創生期をささえた先人たちの鼓動をそこに感じてみよう。

地下鉄北18条駅
　↓3
彌永北海道博物館
　↓10
北海道大学構内
　・農学部第二農場旧模範
　　家畜房
　・遺跡保存庭園
　・総合博物館
　・古河記念講堂
　・クラーク像
　↓4
清華亭
　↓10
北海道大学植物園
　・北方民族資料室
　・宮部金吾記念館
　・博物館
　・バチラー記念館
　↓12
地下鉄札幌駅

●約4時間●

　地下鉄南北線北18条駅をでて北へ1条，西へ1丁ほど歩くと**彌永(やなが)北海道博物館**がみえてくる。この博物館は，貨幣関係資料や砂金(さきん)・砂白金関係資料を中心に幅広く展示している。

　彌永博物館をでて西5丁目を南下し，北18条の環状通を西へ2丁ほどいくと**札幌農学校**を前身とする北海道大学のキャンパスに突きあたる。ここは176.4haにおよぶ広大な敷地の北東部にあたり，北側には農学部第二農場の赤い屋根の建物群がみえる。それらの建物は，農学校教頭であった**ウィリアム・S・クラーク**の大農場経営構想のもとに，1877(明治10)年から1911年にたてられたもので，当時の酪農(らくのう)経営を知る貴重な資料である。なかでももっとも古く大きさできわだつのが，**農学部第二農場旧模範家畜房(もはんかちくぼう)**(モデルバーン)である。長い年月を風雪にさらされた外壁の板目は開拓当時の情景を今に伝え，牧歌的な風情を感じさせる。門内にはいらずにそのまま西に環状通エルムトンネルのうえをいき，学生寮の恵迪寮(けいてきりょう)へもつうずる細い道をいくと左手，ホッケーグラウンドの手前にひっそりと**遺跡保存庭園**がある。北大構内をつらぬいて流れていた**サクシュコトニ川**を中心に両岸に多数発見された

竪穴住居跡の一部である。一見ただの草原にみえるが，深さ50cm，直径5〜8mのくぼみが30カ所ほど残っており居住当時の状況をしのぶことができる。北門まで戻って北大キャンパス内にはいる。まっすぐに南下すると，右手に**北海道大学総合博物館**(旧理学部本館)がみえてくる。これは1999年，大学にある貴重な学術資料の集約とその情報の学内外への発信提供を目的として設置されたものである。さらに，南門をめざして直進すると左手にフランス・ルネッサンス風の白い木造建築の**古河記念講堂**がある。この古河記念講堂の東側には，北海道をはじめ樺太や千島列島など北方に関する資料を所蔵する**北海道大学附属図書館北方資料室**がある。またここには，北海道大学の沿革資料や農学校時代の蔵書なども保管されている。さらにこの東側には北海道大学百年記念館があり，館内には農学校時代からの歴史を解説する写真や多くの資料が展示されている。この付近はかつて豊富な湧水があり，放牧された牛たちが頭をならべて水を飲んでいたという。現在では記念館南側の人工池にその面影を残すのみとなっている。

　古河記念講堂のむかい，芝生の広がる中央ローンの一角にクラークの胸像がたっている。現在のクラーク像は2代目で，1926(大正15)年に建立された初代像が1943(昭和18)年の金属回収令により献納されたため，1948年にあらたに建立されたもの。

　北大構内をクラーク会館横から南に抜けでて，北8条通を西へ進むと左手のいちだん低い地所に**清華亭**がみえてくる。清華亭はこの一帯が**偕楽園**という公園であった1880年，開拓使の貴賓接待所としてたてられた。清華亭から南に4条ほどいくと13.3haもの広い敷地をもつ北海道大学北方生物圏フィールド科学センター植物園(北海道大学植物園)が右手にみえてくる。この植物園は，クラークが植物学の教育・研究のために必要であると開拓長官に進言したことを契機に，1886年にその原形が完成したものである。現在でも，樹齢100年をこすハルニレやイタヤカエデ・ミズナラなどを主体とした広葉樹林が残っており，石狩川低地帯の原植生の面影を残す貴重な場所ともなって

いる。

　植物園にはいってすぐ右手に**北海道大学植物園北方民族資料室**がある。アイヌ民族の資料のほかサハリン先住民族のニヴフ（ギリヤーク）・ウィルタ（オロッコ）の生活文化にかかわる実物資料も展示されている。さらに右手には，北辺の植物研究にたずさわり，植物園初代園長であった宮部金吾の業績を示す**宮部金吾記念館**がある。植物園の正面奥側には現役博物館としては日本最古となる**北海道大学植物園博物館**がある。この博物館には自然史の重要資料が多数展示されているが，とくに明治中期に絶滅したエゾオオカミの剝製は世界的に貴重な標本である。博物館をでて右手後方には，**バチラー記念館**がある。アイヌの地位向上に尽力し「アイヌの父」と敬愛されたイギリス人ジョン・バチラーが，1898(明治31)年から1940(昭和15)年の離日まで居住していた邸宅を移設したものである。

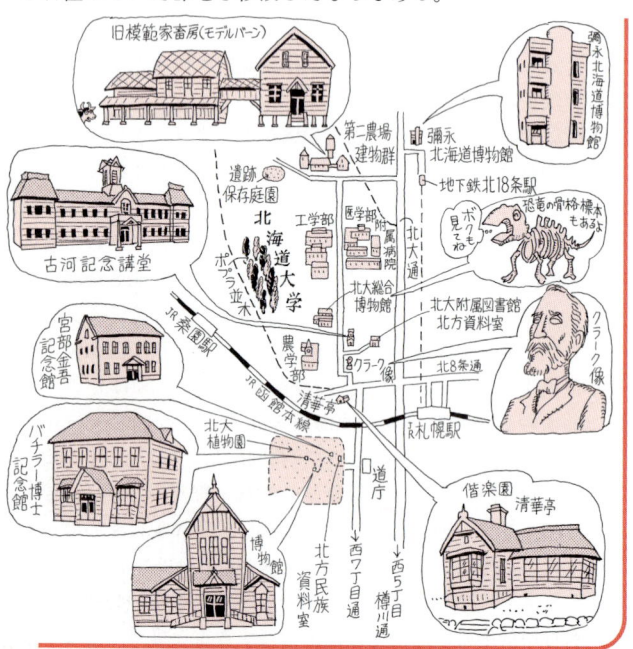

2 街中の歴史的建造物を訪ねる

札幌の中心部には，都会的なセンスと開拓時代のロマンチックな香りがただよう建物が多い。点在する貴重な文化遺産を巡り，開拓当時に思いを馳せてみよう。

地下鉄バスセンター前駅
↓ 7
カトリック北 I 条教会
↓ 4
旧永山武四郎邸
↓ 7
旧札幌美以教会
↓ 2
王子製紙所有建築物
↓ 8
秋野総本店薬局・蔵
↓ 8
時計台(旧札幌農学校演武場)
↓ 15
北海道庁旧本庁舎
↓ 3
北海道立文書館別館
↓ 4
大通公園彫刻
↓ 12
札幌市資料館(旧札幌控訴院)
↓ 6
北海道知事公館
↓ 7
地下鉄西18丁目駅

●約4時間●

地下鉄東西線バスセンター前駅10番出口をあがって北へ。北１条通(国道12号線)を渡ると，ピンクの外壁に赤い屋根，空に浮かぶようにつきだした白い塔屋の**カトリック北１条教会(札幌カトリック司教座教会)**がみえてくる。この教会は札幌でもっとも古いカトリック教会である。さらに北にむかうと永山記念公園がある。公園内には屯田兵育ての親，**永山武四郎**が私邸としてたてた旧永山武四郎邸がある。この建物は，明治前半期における本道の上流住宅建築の好例で，開拓使が手がけた和洋折衷の住宅様式の特色をよく伝えている。

公園南側の北２条通を西に600m余り，創成川通(国道５号線)まで歩みを進めると，左手に**旧札幌美以教会(日本基督教団札幌教会)**がみえる。キリスト教メソジスト派３代目の会堂としてたてられた札幌軟石の石造教会で，正面左の八角形の円筒塔がロマネスク風の雰囲気をかもしだしている。創成川を渡り，さらに西に歩を進めると，王子製紙所有のレンガ造りの建

物がある。1949(昭和24)年ころにたてられたもので、札幌軟石を、表面を粗く仕上げて積むルスティカ積みにした重厚なおもむきの玄関と、煙突のとんがり帽子が印象的である。つぎの交差点で左折して南にむかう。左手に市民会館やテレビ塔をみながら**大通公園**を横断し、デパートがならぶ通りを映画館の角で左折して南1条通を東に進むと右手方向に明治時代の雰囲気をしのばせる**秋野総本店薬局**がみえる。この建物は防火対策として東と南を石蔵と土蔵でかこみ、本屋は瓦葺土蔵造りである。1901(明治34)年の建築以来ほぼそのままの姿で現在も店舗および住宅として使用されており、貴重な存在である。長いときをたえ抜いた蔵も、素朴なぬくもりをただよわせている。なお、薬局むかい側の映画館ならびの東街角には**札幌建設の地碑**がある。秋野薬局から西へ2ブロック進み、北へむかう。再び大通公園を渡り、札幌市役所を右手に北1条通(国道12号線)を渡ると、札幌のシンボル**時計台**がある。1878年に旧札幌農学校の演武場として建設されたもので、屋根のうえには四面の文字盤をもつ、現存する日本最古の時計塔がたっている。ときを告げ続けてきた美しい鐘の音に耳をかたむけてみたい。時計台からさらにまっすぐ200mほど北へ進み、北3条通で左折、西へむかう。

札幌駅前通を渡って1丁目で「赤れんが」の愛称で広く道民に親しまれている**北海道庁旧本庁舎(開拓使札幌本庁舎跡)**がある。道産品の建築資材を用いて1888年にたてられ、建築当時は鹿鳴館とならぶ国内有数の大建築物であった。現在、赤れんが庁舎の内部は、**北海道立文書館**としても一般に開放されており、収集された24万点におよぶ北海道の歴史に関する古文書や記録、資料などの一部が文書館展示室に展示されている。赤れんが庁舎は札幌の街に美しく映え、池や木々の配置された前庭は市民の憩いの場となっている。なお、赤れんが庁舎正面の正門前には高さ50cmほどの石標があるが、北海道の道路元標である。道庁南門からでて1ブロック南の街角に、1926(大正15)年、札幌で最初の本格的な図書館としてたてられた**北海道立文書館別館**がある。南西の隅に角塔を擁し、角地をうまく利用したデザ

インで存在感を示している。さらに南にさがると再び大通公園である。この公園は1871(明治4)年に、開拓使のある北側の官営地と南側の民間地との間の防火帯として設けられたもので、公園としての体裁がととのえられたのは1909年のことである。公園内には数多くのモニュメントが配置されている。大通公園の終点西13丁目までいくと、かつて高等裁判所として使われていた**札幌市資料館(旧札幌控訴院)**がある。建物の材料は札幌軟石で、南区の石山地区から馬鉄で運ばれ、その名残りとして現西11丁目線は石山通の通称をもつ。

　資料館から北1条通にあがり西に1丁ほど進むと、左手にうっそうと木々が茂る大きな庭園をもつ**北海道知事公館**がある。もとは三井物産の別邸として1936(昭和11)年にたてられたが、1953年から知事公館として利用されている。ここからさらに知事公館敷地内の**北海道立三岸好太郎美術館**や西側の**北海道立近代美術館**をみながら西に3丁、北に2条あがると、北海道庁西18丁目別館で、2階に**樺太関係資料展示室**がある。

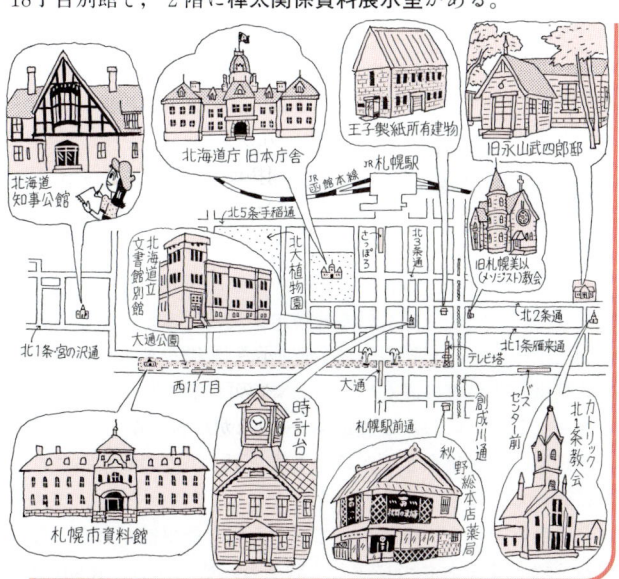

3 中島公園とその界隈を歩く

近代的な都市の自然空間中島公園，そこに威風堂々とかまえる歴史的建造物，たたずめば，かつてそこに集った人びとの息遣いがどこからともなく聞こえてくるようである。

地下鉄幌平橋駅
　↓ 4
'Kitara'
　　　　↓↑ 4
4　　　北海道立文学館
渡辺淳一文学館
3 ↓
豊平館
　↓ 1
八窓庵
　↓ 10
日蓮上人座像(豊葦山
　　　　　　妙心寺)
　↓ 13
真宗大谷派(東本願寺)
　札幌別院
　↓ 2
茶房あさの(浅野邸)
　↓ 10
地下鉄中島公園駅

　●約3〜4時間●

　地下鉄南北線幌平橋駅で下車，1番出口をでると中島公園のポプラをはじめとする木々の緑が美しく目にうつる。出口左の案内板で散歩のコースを確認。左の米里行啓通をはさんで鴨々川水遊び場がみえる。園内の散策路を道なりに進むと通りをはさんで左に札幌護国神社の本殿，右手に伊夜日子神社本殿の裏手がみえる。鴨々川の静かな流れにいやされながら，1997(平成9)年に開館しすぐれた音響と荘厳なパイプオルガンの調べで高い評価をうけている，北海道初の音楽専用の札幌コンサートホール'Kitara'をめざす。'Kitara'のエントランスをすぎると正面木立ごしにみえる小高い岡田山に，1958(昭和33)年開館の公立では日本でいちばん小さいといわれている札幌市天文台がみえてくる。天文台前芝生のなかの石畳の小径を進みほたる橋を渡ると，左前方に建築家安藤忠雄の設計による，雪面に片脚でたつ白鳥の姿をイメージしたといわれる渡辺淳一文学館がみえる。

　渡辺淳一文学館をでて，ほたる橋を戻り公園の散策路にでて左におれる。ほどなく右の木立のなかに，白い外壁をラピスラズリの高貴な色合いのブルーで縁どられた豊平館がある。青空をバックにするとじつに美しく映える。豊平館は，1880(明治

13)年に現在の中央区北1条西1丁目に開拓使の迎賓館・ホテルとして建築された。札幌市民会館建設に伴い，1958年現在地に移築され，結婚式場として今も利用されている。

　豊平館をでて左に道なりに進むと，まもなく日本庭園の白木の門が左にみえてくる。日本庭園自体は，1963年開園で古いものではないが，庭園の一角に侘びのおもむきにとむ草庵八窓庵がある。二畳台目（3畳のうち1枚が4分の1小さい畳を用いた広さ）の茶室で，連子窓3，下地窓4，衝上窓（天窓）1，合計8個の窓から，その席名の由来がある。

　中島公園内の散策路を公園橋へむけて戻り，橋を渡って南11条通を西にむかって500mほど歩くと日蓮宗豊葦山妙心寺の本堂がある。本堂正面の須弥壇上中央に1666(寛文6)年，高僧日住上人が幕府をはじめ諸方に勧進して，みずからの42歳の厄払いに造立させたとされる，寄木造りの日蓮聖人座像が安置されている。この像は，胎内・像底部の銘文により制作年代・目的が特定できる点において類例の少ない像として貴重なものである。

　きた道を戻り最初の信号で左折し，まっすぐ350mほど北上し，南9条通を横断，さらに250mほど進み右折すると真宗大谷派（東本願寺）札幌別院がある。

　東本願寺の山門前の道を北に200mほど歩くと左に茶房あさのがある。富山県から移住し土木業をいとなんだ浅野次郎右衛門が，1913(大正2)年に私邸としてたてた「浅野邸」である。数百坪の敷地に木造家屋と軟石造りの石倉と森閑とした日本庭園が，落ち着いた雰囲気をつくりだしている。歴史散歩「中島公園とその界隈を歩く」はここでの語らいで閉じる。南9条通まで戻り左折し，750mで地下鉄中島公園駅に着く。

　なお，札幌コンサートホール'Kitara'前のモニュメント「相響」ごしの木立のなかに緑色の屋根の北海道立文学館の建物がみえる。公園の小径250mの距離で，北の抒情を表現した作家たちの資料やアイヌの口承文芸にふれるのもいい。

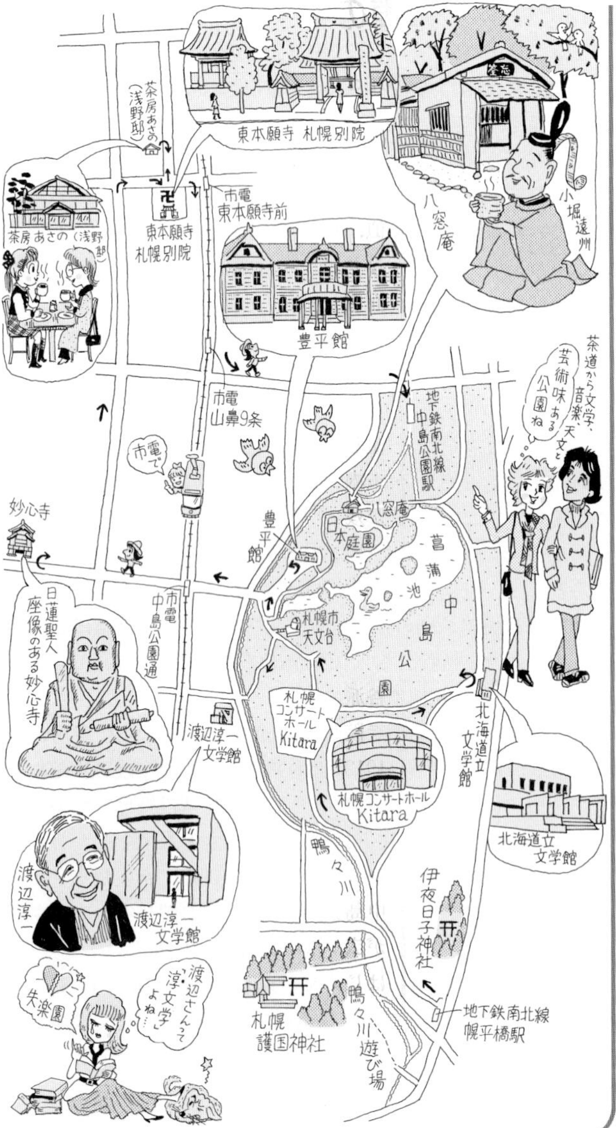
東本願寺 札幌別院
茶房あさの（浅野邸）
茶房あさの（浅野邸）
東本願寺
札幌別院
市電
東本願寺前
八窓庵
小堀遠州
豊平館
市電
山鼻9条
地下鉄南北線
中島公園駅
茶道から文学、音楽、天文と
芸術味ある公園ね
市電で
妙心寺
八窓庵
日本庭園
豊平館
菖蒲池
中島公園
市電
中島公園通
札幌市
天文台
日蓮聖人
座像のある妙心寺
札幌
コンサートホール
Kitara
札幌コンサートホール
Kitara
北海道立
文学館
渡辺淳一
文学館
北海道立
文学館
鴨々川
渡辺淳一
渡辺淳一
文学館
伊夜日子神社
失楽園
渡辺さんって
「淳・文学」
よね…
札幌
護国神社
鴨々川遊び場
地下鉄南北線
幌平橋駅

4 路面電車の沿線を歩く

古くから札幌市民の足として親しまれてきた路面電車。現在は１路線のみとなったが，その沿線には開拓時代の史跡などがあり，古き札幌の姿を垣間みることができる。

🚋 **すすきの駅**
　↓ 5
🚋 **東本願寺前**
　↓↑ 1
　東本願寺
10　札幌別院
　↓↑ 10
　札幌祖霊
　　神社
🚋 **中島公園通**
　↓↑ 5
10　豊平館
　↓↑ 10
🚋 **行啓通**
　↓ 10
　東屯田通
　↓ 2
　山鼻記念館
　↓ 3
　明治天皇御駐蹕之
　　地記念碑
　山鼻小公園
　山鼻兵村開設碑
　↓ 15
🚋 **行啓通**
　↓ 10
🚋 **山鼻19条**
　↓↑ 1
10　鮫島宅亭
🚋 **中央図書館前**

　1965(昭和40)年当時までは，北は新琴似，東は国鉄苗穂駅，西は円山公園までなど，市内幹線を網羅していた市電(路面電車)であったが，マイカーの増加や1971年の地下鉄開通によって廃線があいついだ。現在は唯一，歓楽街としてにぎわう「すすきの」から南下，屯田兵が入植した山鼻地区をまわって北上，西進，市内中心部となる南１条に戻る路線のみが残る。

　地下鉄すすきの駅のうえにたつデパートが面する４条通に電停すすきの駅がある。ここから乗車，２つ目の**東本願寺前**で下車して西へむかうとすぐに**真宗大谷派(東本願寺)札幌別院**がある。そして寺院前の通りをまっすぐ北にむかうと1912(明治45)年建築の**札幌祖霊神社**がある。

　再び市電に乗り，途中南９条通を左にみると，石造りの印刷所がみえる。電停**中島公園通**でおり，東へ進むと中島公園が広がっている。同公園内には**豊平館**をはじめ文化的な施設も多くある。つぎの電停**行啓通**までは１駅なので歩いていく。この通りの名は，当時皇太子だった大正天皇が1911(明治44)年に行啓したさい，中島公園から西の山鼻にむかってこ

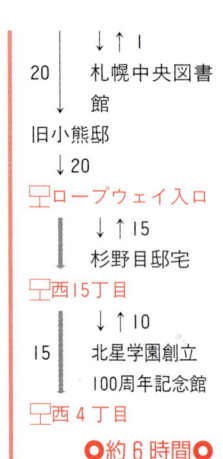

```
      ↓ ↑ 1
  20    札幌中央図書
   ↓    館
  旧小熊邸
   ↓ 20
 🚡ロープウェイ入口
      ↓ ↑ 15
      杉野目邸宅
 🚡西15丁目
      ↓ ↑ 10
  15  北星学園創立
      100周年記念館
 🚡西4丁目
      ●約6時間●
```

の通りをとおったことに由来している。

この停留所から西に10分ほど歩くと、大型ストアがある。その前の南北の通りを東屯田通という。かつて屯田兵が入植したさいに、この西9丁目通沿いに兵屋をたてたことからこの名がある。また西13丁目通にもたてられており、こちらは西屯田通とよばれている。両通りとも商店街として発達して、現在も古くからの商店がたちならんでいる。時間があれば、この通りを散策し、古い札幌の風情にふれるのもよいだろう。当時の屯田兵のようすを伝えているのが、大型ストア西どなりにある**山鼻記念館**である。この山鼻地区の屯田兵のようすが写真や当時使用していた文物からうかがうことができ、東・西屯田通の兵屋の配置の図面などもある。

さらに西にむかうと、札幌から定山渓・中山峠へとむかう国道230号線にぶつかり、右手に創立120年をこえる山鼻小学校がある。交差点の右、小学校の隅には樹木にかくれるようにして**明治天皇御駐蹕之地記念碑**がある。行啓通をはさんで小学校のむかいには山鼻小公園があり、1894(明治27)年に建立された**山鼻兵村開設碑**がそびえている。再び電停行啓通に戻り乗車。まもなく左側に札幌南高校の近代的な校舎がみえてくる。電停山鼻19条で下車。西側の民家の隅に**鮫島宅亭**がある。民家の入口のすぐ横にあるため、気をつけていないとみすごしてしまう。この建物は茶会の待合としてたてられた木造建築物である。

電停山鼻19条から4つ目の電停中央図書館前でおりると、目の前に札幌中央図書館がある。ここはもと北海道教育大学札幌分校があった場所である。図書館のなかには**札幌市埋蔵文化財センター**が、また2階には北海道や札幌の歴史・産業などの資料をそろえたコーナーがあり、調べ物には最適である。

図書館をでて、左に藻岩山にむかって歩いていくと電車事業

所がある。事業所左側の道をさらに山にむかうと階段がある。ここをのぼると東本願寺の霊廟にむかうが、右におれていくと途中に馬頭観音があり、それをすぎると藻岩山麓通にでる。ここからロープウェイ方向にのぼっていくと、右側に現在は喫茶店になっている旧小熊邸がある。1927(昭和2)年建築の北海道の代表的な近代建築である。ここからさらにロープウェイの奥にいくと、さきほどの東本願寺の霊廟があり、ここからの札幌市内の眺めは素晴らしいものがある。藻岩山麓通をくだって東にむかうと、電停ロープウェイ入口。これを横切りさらに東へ15分歩き、南19条西12丁目の交差点を左にはいると木造レンガ造りの杉野目邸宅がある。電停ロープウェイ入口から5つ目の電停西15丁目でおり、10分ほど西にむかって歩き左にはいると北星学園がある。私立の女子高校・中学であるが、この敷地内に北星学園創立100周年記念館がある。電停西15丁目から電車は南1条通沿いに走り、札幌の中心である電停西4丁目に到着して、この散歩は終了である。

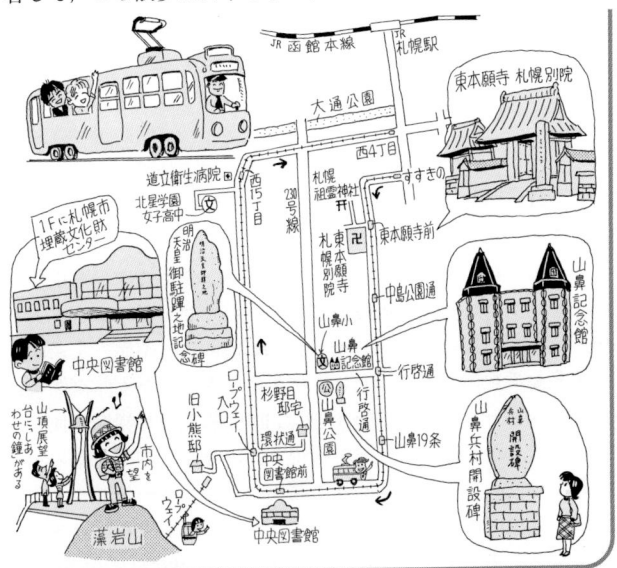

5 札幌の産業史を歩く

札幌といえば，開拓使そしてビール・乳製品といったイメージをもつ人も多いだろう。その開拓の歴史を産業面からたどってみよう。

地下鉄バスセンター前駅
　↓5
遠友夜学校記念室
　↓10
サッポロファクトリー
・札幌開拓使麦酒醸造所
・札幌市写真ライブラリー
　↓15
サッポロビール博物館
　↓15
北海道鉄道技術館(JR北海道苗穂工場内)
　↓15
雪印乳業史料館
　↓15
地下鉄バスセンター前駅

●約5時間●

　地下鉄東西線バスセンター前駅7番出口をでて，南にまっすぐ4丁目通をおよそ5分歩き，国道36号線(月寒通)が豊平橋へ大きく右にまがる手前の右手に，国際連盟事務局次長として活躍し，5000円札の顔でもある新渡戸稲造が創設した**遠友夜学校記念室**がある。新渡戸の妻がうけとった遺産を投じて1894(明治27)年に誕生した。1944(昭和19)年の夜学校閉校のさい，新渡戸の事業を永遠に記念するため，同校跡地は札幌市中央勤労青少年ホーム(Let's中央)となり，新渡戸の功績を伝える展示がなされている。

　ここから再びきた道を戻り，大通を渡って北へ5分ほど歩くと，国道12号線(北1条雁来通)にぶつかる。ここの右手むかいにサッポロビール工場跡地にたてられた**サッポロファクトリー**という大型総合商業レジャー施設がある。一条館〜三条館，西館そしてレンガ造りのレンガ館からなる。レンガ館東側には，サッポロビールの前身で1876(明治9)年操業の札幌開拓使麦酒醸造所にちなんだ醸造施設が再現され，見学と創業当時の味を味わえる。レンガ館には**札幌市写真ライブラリー**があり，開拓時代から現代までの札幌にかかわる写真が展示されている。ここからファクトリー北側の北3条通を東に380mほどいき左折，

JR函館本線の東8丁目アンダーパスの地下通路を渡ると，右手にサッポロビール園への南門がある。そこから道なりに駐車場をとおり280m，ファクトリーからは10分ほどで，サッポロビール札幌工場・ビール園に着く。もとサッポロビール札幌工場内には1987(昭和62)年開設の**サッポロビール博物館**があり，ビール製造の機械類や製造工程の見学ができる。サッポロビール園ではビールと北海道名物のジンギスカン料理も味わえる。

博物館をでて北8条通を東に約420m，ビール園から2つ目の信号の手前で右折，印刷会社の倉庫を右手に100mほどで左折したすぐ右手にJR北海道苗穂工場の正門がある。正門をまっすぐはいったところに，レンガ造りの工場内最古の建物**北海道鉄道技術館**がある。工場をでて北東に道なりに進み，北8条通に合流したさきの信号で右折，苗穂工場の敷地に沿うように苗穂丘珠通をいき，再び信号で右折，すぐに左折して住宅街をいくと雪印乳業札幌工場がある。門をはいった左手に**雪印乳業史料館**があり，牛乳の製造工程の見学などができる。

6 東区のななめ通を歩く

ほぼ南北に直交する札幌市内の街路のなかに，中心部から北東にのびる１本の道，東区のななめ通。この道は，札幌の草創期を語る，土地にきざまれた生き証人なのである。

地下鉄大通駅
↓5
札幌建設の地碑
↓5
大友亀太郎像
↓20
旧北海湯
↓16
大覚寺
↓3
苗穂小学校
↓5
林檎の碑
↓6
札幌村郷土記念館
↓1
大友公園
↓1
本龍寺
↓7
札幌村神社
↓4
地下鉄環状通東駅

◯約２時間◯

　地下鉄大通駅から市内一の繁華街，南一条通を東へ進むと創成川にかかる創成橋がある。この橋の手前のビルの一角に，**札幌建設の地碑**がある。1869(明治2)年に開拓判官島義勇が，ここを基点に**札幌本府**の建設をはじめたことを記念する碑である。この碑のそばを南北に流れる創成川は，札幌の町割の基軸となっている人工水路である。川沿いに北へ歩くと，この流れのもとになる**大友堀**を開削した**大友亀太郎**の像がある。樺太経営が懸案となった幕末期，幕府は北方経営の拠点として石狩地方に注目した。そして1866(慶応2)年には**イシカリ場所改革**の一環として，大友を中心に石狩地方の**御手作場**開発がはじまった。これからむかう「東区のななめ通」(元村街道，道道花畔札幌線)は，大友が開いた御手作場への幹線道路であり，かつては札幌と石狩市街を結ぶ石狩街道ともよばれていた。そして御手作場開発の用水供給のためにつくられたのが大友堀である。

　創成川沿いに北に進み，北３条通で道庁赤れんが庁舎を背にして東へ歩く。この辺りには民家や商店がたちならび，いくつかの古い建築物も残っている。東３丁目通を北へむかい，JRの高架下をくぐって少し進んだ北７条東３丁目から北東にむかって，碁盤目状の街路を断ち切るように

元村街道(東区のななめ通)がのびている。この付近は古くからの商店街で,旧北海湯などかつての繁華街の面影をしのばせる建物もみられる。街路や区画割りが複雑に交錯するようすを楽しみながら,さらに道を進むとヤチダモの大木がみえてくる。これをすぎると右手に大きな楼門が目を引く**大覚寺**がある。街道とななめにまじわる門前の道路は,かつての大友堀の跡であるという。ここで街道からそれて,やや南東にいったところにある苗穂小学校の校地には,木造旧校舎が学校記念館として保存されている。

元村街道へ戻りさらに100mほど進むと道路からやや奥まった右手に**林檎の碑**と彫られた石碑がある。この碑はここに入植し,リンゴ栽培を手がけた橘 仁の業績をたたえたもので,明治期にはこの周辺はリンゴ園が広がっていた。そして仁の娘**橘智恵子**にほのかな想いを寄せていたという石川啄木もここを訪ねたという。啄木もこの街道を歩いてきたのだろう。

ななめ通をそのまま300mほど進み,郵便局をすぎてから左折するとまもなく右手,北13条東16丁目の一角に**札幌村郷土記念館**がある。この場所はかつての御手作場の中心で,通りのむかい側に大友亀太郎の役宅がおかれていたという。記念館裏手の大友公園は,大友堀が伏籠川に合流した地点で,今では大友堀,伏籠川ともみることはできないが,公園内には水路跡を復元した敷石がある。記念館をすぎると左手に大きな寺院がみえる。「ミヨケンさん」と通称されている**本龍寺**で,大友亀太郎建立の妙見堂にはじまる。環状通(道道札幌環状線)を渡って西へ270mほど戻り,表具店から北へはいると**札幌村神社**がみえる。環状通に戻って東へ歩くと環状通東駅である。

札幌開拓の草分けの地域である元村と呼称されたこの周辺も,都市化によって大きく変貌した。とくに政令指定都市となった時期を境に進められた区画整理事業によって,かつて広がっていた**タマネギ畑**は宅地化し,環状通と元村街道が交差する一角にあった札幌村神社も現在地へ移転した。以前は埋められた跡が生活道路にわずかに痕跡をとどめていた大友堀も,今はその

面影をみつけることはほとんど不可能になった。そうしたなかで，ななめ通は地域の歴史を象徴するかのような存在となっている。

7 円山公園界隈を歩く

動物園や円山球場など,札幌市民の憩いの場として親しまれてきた円山公園。その周辺には円山開村や札幌の歴史をあらわす,石碑や彫像などをみることができる。

地下鉄円山公園駅
　↓10
圓山開村記念碑
　↓5
第1鳥居
　↓10
円山公園・岩村通俊之像
　↓3
開道百年行幸記念碑・包丁塚
　↓10
北海道神宮・島義勇像
　↓15
南部忠平顕彰碑
　↓10
大師堂
5　↓↑60
　　円山頂上
樺太開拓記念碑
　↓3
白野夏雲顕彰碑
　↓3
島判官紀功碑
　↓5
逓信従業員殉職碑・北海道方面委員慰霊碑・殉職消防員之碑・北海道鉄道殉職碑
　↓10
庚申塚・馬頭大神

　地下鉄東西線円山公園駅で下車し、2番出口から地上にでる。周辺は古くからの住宅街で、商店などがたちならんでいる。西25丁目通を北におれた東側、住宅街のなかに円山会館がある。その前庭にたっているのが圓山開村記念碑で、開村20年を記念して1890(明治23)年に建立されたものである。

　北にむかい北1条通を右折して西にむかうと正面に北海道神宮の第1鳥居がみえる。この北1条通は神宮への参道で旧国道5号線。右に大型ストア、左に札幌で2番目に古い円山小学校がみえるスクランブル交差点にでる。今は住宅街となっているが、かつてこの付近には村役場や朝市などもあり人通りも多かった。スクランブル交差点はその名残りである。

　鳥居の横をとおり西にむかうと、左手に円山公園がみえる。公園にはいるとすぐ円山の名づけ親でもある開拓判官岩村通俊之像がある。通りに戻ると、開道百年行幸記念碑と植樹されたマツや寿司職人の包丁をまつる包丁塚がある。

> ↓10
> 地下鉄円山公園駅
> ●約5時間●

さらに坂をのぼると**北海道神宮**がある。正月や桜の時期の喧噪とはかけはなれた静かな参道を歩いていくと，社殿の左側に開拓判官**島義勇**像がたっている。

再び北1条通にでて，5分ほど歩くと左側に小公園がみえる。そのなかをとおりテニスコート横を抜けると，目の前が円山球場である。かつてはプロ野球の試合が行われ，現在は高校野球などの大会が行われている。その横にあるのが円山競技場である。球場と競技場の間に，陸上の三段跳びでオリンピックで優勝した**南部忠平顕彰碑**がある。球場の横を抜けていくと円山動物園がみえる。その通りを左におれて東へむかい，道路に沿って坂をくだっていく。この道路は北海道神宮の裏側にあたる第3鳥居にむかう裏参道で，左は北海道神宮の森，右は**円山**である。円山は頂上からの展望がよく，片道1時間程度でのぼれるため，休日には子どもやお年寄りがハイキングなどをして楽しんでいる。

円山への登山は，動物園から10分ほど坂をくだったところにある**大師堂**からのコースが一般的である。この山道には四国八十八カ所にちなんだ円山八十八カ所がある。大師堂からさらに西へ坂をくだると左右の林のなかに石碑が点在しているのがみえる。左側の北海道神宮側には，樺太開拓記念碑や白野夏雲の顕彰碑，また公園内には島判官紀功碑がある。右側のグラウンドの奥には，逓信従業員殉職職碑や北海道方面委員慰霊碑，殉職消防員之碑，北海道鉄道殉職碑など北海道の開発・発展につくした人たちの慰霊碑がならんでいる。

公園をあとにし環状通にでる。まっすぐいくと裏参道が続き札幌市内へ，左へむかうと地下鉄円山公園駅である。ここで右におれ，南東の住宅街へ進む。住宅の間に石碑がみえる。民間信仰の**庚申塚**と**馬頭大神**である。庚申塚は1914（大正3）年に現在地に，馬頭大神は1918年に建立され，ともに厄除けや馬への感謝をこめて，地域の住民にまつられている。

031　円山公園界隈を歩く

　住宅街の道をまっすぐ東にむかい、西25丁目通を左折して北にむかい5分ほど歩くと円山公園駅である。

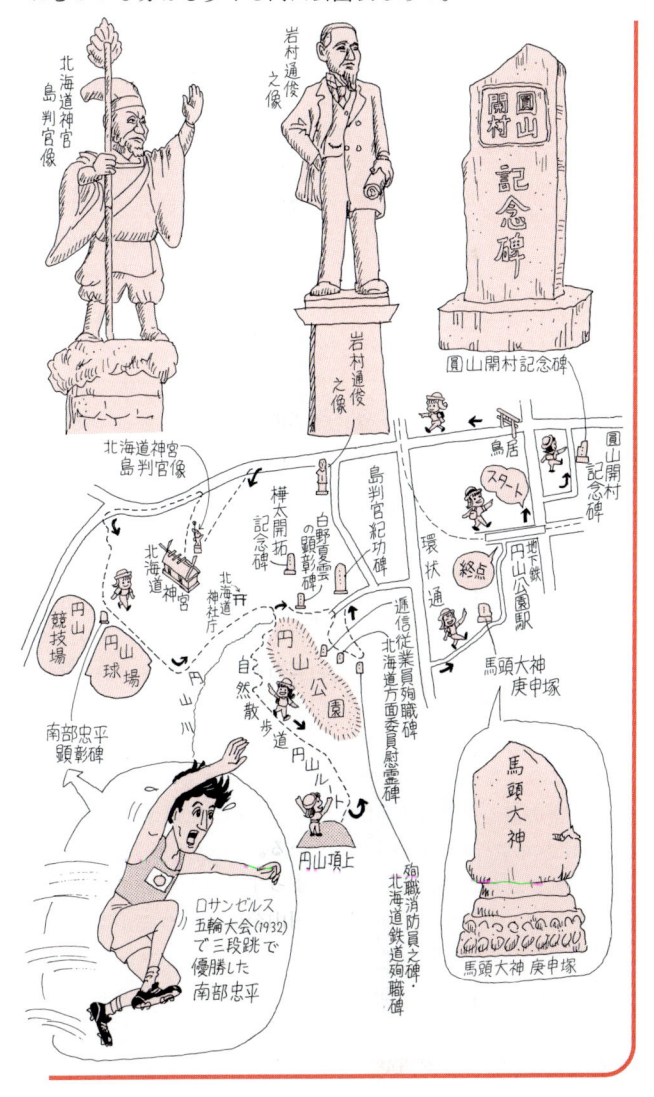

北海道神宮 島判官像

岩村通俊之像

圓山開村記念碑

圓山開村記念碑

北海道神宮 島判官像

樺太開拓記念碑

島判官紀功碑

白野夏雲の顕彰碑

鳥居

スタート

環状通

終点

地下鉄 円山公園駅

北海道神宮

北海道神社庁

円山競技場

円山球場

円山川

円山公園

自然散歩道

円山ルート

円山頂上

逓信従業員殉職碑
北海道方面委員慰霊碑

殉職消防員之碑・北海道鉄道殉職碑

馬頭大神 庚申塚

南部忠平顕彰碑

ロサンゼルス五輪大会(1932)で三段跳で優勝した南部忠平

馬頭大神

馬頭大神 庚申塚

8 大倉山で鳥人になる

札幌の街を眼下にみおろす大倉山シャンツェは札幌の冬のシンボル。スキージャンプの強豪が集まり，熱い戦いを繰り広げる舞台だ。遊びや学びの施設も充実し，夏もおもしろい。

地下鉄円山公園駅
⇩10
♀大倉山競技場入口
↓10
大倉山ジャンプ競技場
札幌ウインタースポーツミュージアム
↓15
札幌彫刻美術館
↓10
♀彫刻美術館入口
⇩10
地下鉄西28丁目駅
↓2
地下鉄円山公園駅
⇩⇧10
♀公園前 旭山記念公園

●約6時間●

地下鉄東西線円山公園駅から宮の森シャンツェ前行きの市営バスに乗り，大倉山競技場入口のバス停でおりる。聖心女子学院の前の急な坂道を，弧を描くように1歩ずつ足を運んでいくと，10分ほどで**大倉山ジャンプ競技場**に到着する。

大倉山シャンツェは，古くから世界にほこるジャンプ台として知られ，数多くの名勝負をうんできた。1931(昭和6)年，大倉財閥がこのジャンプ台を完成させ，札幌市に寄贈した。以来，この山を「大倉山」とよぶようになった。さっそく，ジャンプ台の頂上にのぼってみよう。最大斜度37度の斜面をゆるゆるとリフトが進む。頂上から札幌市内を一望できる。周囲には小高い山が連なり，左から三角山，荒井山，円山，右手むこうの大きな山が藻岩山。手前にみえるもう1つのジャンプ台が**宮の森ジャンプ競技場**で，1972年の**札幌オリンピック**で，「日の丸飛行隊」が金銀銅のメダルを独占した舞台だ。

リフトでおりる。のぼるときよりも，ジャンプ台の斜度を実感できるだろう。すぐ足下に札幌の街がみえ，さながら鳥になったような気分だ。競技場内には札幌ウインタースポーツミュージアムがあり，スキーやオリンピックの歴史に関する資料が展示されている。また，ジャンプのシュミレーターもあり，鳥人体験ができることで人気を集めている。

ジャンプ競技場をあとにして、駐車場を右にみながら道をくだっていこう。まがりくねりながら、さんかく公園、鳳凰寺をすぎていくと三叉路にでる。左側の道をさらにくだると閑静な住宅街のなかに**札幌彫刻美術館**がたっている。美術館から北へくだる道は散策路として憩いの場となっている。宮ノ森3の10の交差点前にフランセ教会があり、そのそばに彫刻美術館入口のバス停がある。もう少し余力があるなら、そこから西28丁目駅前行きの市営バスに乗って地下鉄西28丁目駅へいき、再び地下鉄円山公園駅に戻り、旭山公園前行きの市営バス**旭山記念公園**にむかおう。札幌創建100周年を記念してつくられたこの公園からは、大倉山からの見下ろすような景色とは違う、水平にはてしなく広がる札幌の町並みを楽しめる。

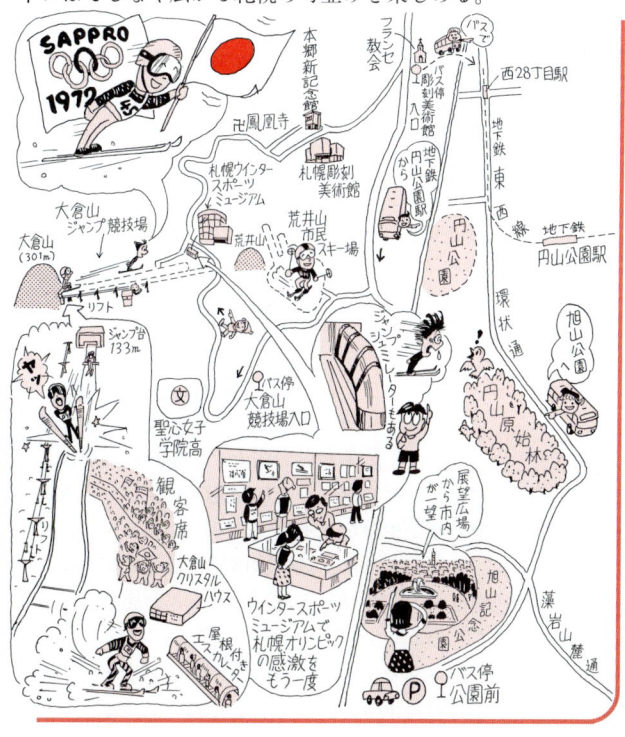

❾ 農地広がる羊ヶ丘・月寒を歩く

未来的な札幌ドームHIROBAを目にしながら，北海道らしい農牧業の雰囲気を味わえるのが**羊ヶ丘・月寒**。住宅街に広がる農場の空気にふれ，農業の発展を振り返ってみよう。

地下鉄福住駅バスターミナル
↓10
♀羊ヶ丘展望台
　　　↑↓15
　25　森林総合研究所北海道支所標本館
札幌ドームHIROBA
↓20
北海道農業試験場
↓25　↓10
福住駅バスターミナル
↓10
学校法人八紘学園北海道農業専門学校
↓5
♀月寒グリーンドーム前
↓5
地下鉄月寒中央駅

◯約3時間◯

地下鉄東豊線福住駅からバス羊ヶ丘展望台行きに乗車し，終点でおりる。羊ヶ丘展望台は，種羊場として大きな役割をはたしてきた**北海道農業試験場**(北海道農業研究センター)の牧場の一角を，1959(昭和34)年観光用に開放したものである。W・S・クラークの銅像がたち，羊が草をはむようすを目のあたりにすることのできる牧歌的な場所で，遠く石狩平野を一望できる。銅像の近くには**雪祭り記念館**もあり，札幌雪祭りの歴史をふりかえることができ，運がよければ係員による紙芝居と札幌案内も聞くことができる。展望台からまっすぐ北海道農業試験場庁舎への道はあるが，一般者は立ちいりできない。展望台入口まで戻り，ゲートをでて右にまがる。右手に農業試験場の広大な農地，目の前にあらたな札幌のランドマーク**札幌ドームHIROBA**をみながら道道西野清田真駒内線のゆるやかな坂道をくだると，25分ほどで国道36号線にでる。時間があれば，農業試験場敷地の一部をさいて建築された札幌ドームの見学も可能だ。ドームの展望台からは札幌市を一望できる。

　信号を右折し国道36号線を千歳方向に10分ほど歩き，中央バスの営業所前から右折すると，落ち着いた雰囲気のカラマツの

並木にでる。並木道を10分ほど歩くと十字路があり、その左側手前には、農商務省種牛牧場設立当初からの**農業試験場旧庁舎**もみられる。壁が塗り直されてはいるものの現在も福利厚生施設として利用されている。正面玄関には農業試験場診療所の看板もあり、これまでの来歴が推察される。この交差点の近くには、1908(明治41)年築造という、北海道初の石造りサイロという可能性もあったサイロがたてられていたが、今はない。さらにこの交差点を直進し、羊ヶ丘展望台の方向に500mほど試験水田を左にみながら歩くと、研究施設があり、進行方向右手に、1909年にたてられた、通気を考え取りはずし可能な羽目板の壁が特徴的な高床型のトウモロコシ庫が目にはいる。戻って旧庁舎から左折し5分ほどいくと北海道農業試験場庁舎があり、札幌ドームHIROBAを別の方向からみることもできる。旧庁舎の前の交差点からバスで福住駅バスターミナルに戻る。

　バスターミナルをでて国道36号線を横断し、札幌方向に少し歩き望月寒川の手前の道路を右折、10分ほど歩くと北海道農業専門学校がある。1930(昭和5)年、食糧自給および農業開拓、海外移住をめざす自営者や指導者の育成を目的として設立された**八紘学園**を前身とする。校舎の周囲には農業資料館や石庭、洋館が所在し、事前の申請で見学も可能である。サイロの前の交差点を斜め前の方向に抜ける道がある。学園のなかを抜けるポプラ並木で、学園でとれた野菜の直売所やリンゴの直売所もあり、7月には、アヤメがきれいに咲きそろい、市民に開放されている。並木を抜けて左にまがりしばらくいくと、月寒グリーンドーム(産業共進会場)前のバス停がある。そこから地下鉄月寒中央駅行きのバスに乗り、地下鉄月寒中央駅にいく。そこから福住行きに乗れば1駅で福住に戻る。栄町行きに乗れば、都心部にでることも容易だ。

　なお、月寒中央駅の1番出口をでると、月寒と平岸を結ぶ古い道路、通称**あんパン道路**がある。1911(明治44)年に第7師団月寒歩兵第25連隊の兵員によって開かれた道路だ。そこをでて札幌方向に歩き2本目の信号を右にはいると月寒郷土資料館が

ある。そのころの第25連隊跡でもある。

　また羊ヶ丘展望台入口から南に住宅街のなかを歩くと、まもなく左手に独立行政法人森林総合研究所北海道支所があり、5月から10月いっぱい所内の標本館を見学できる。

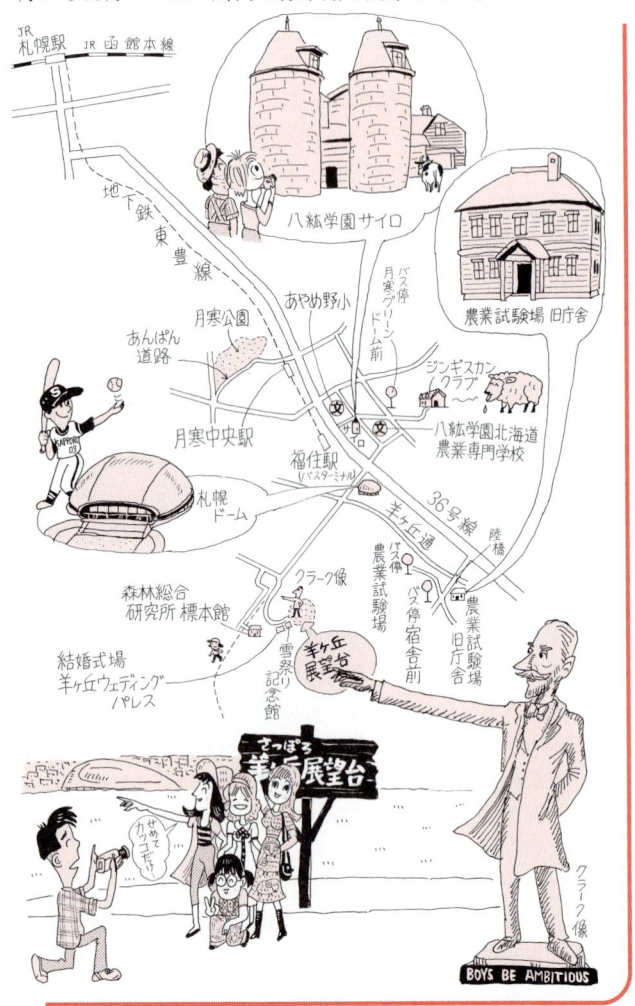

10 札幌の牧牛と軟石ゆかりの地

豊平川の支流真駒内川をさかのぼり，北海道酪農の基礎をきずいたエドウィン・ダンの足跡や，洋風建築の資材として使われた札幌軟石の採掘跡，一足のばして芸術の森を訪ねよう。

地下鉄真駒内駅
↓ 5
エドウィン・ダン記念館
↓ 25
石山陸橋・望豊台碑
↓ 6
石切山街道碑
↓ 5
ぽすとかん
↓ 3
石山緑地(石山軟石採掘場跡)
↓ 3
🚏石山東3丁目
⇊ 10
🚏芸術の森入口
　　　↑↓ 3
15　有島武郎旧邸
地下鉄真駒内駅
●約4時間●

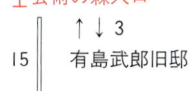

地下鉄南北線の終点真駒内駅でおり，駅前通をまっすぐ歩き，南区役所の通りで左にまがると，突き当りに南郵便局がある。その小路をはさんだならびにエドウィン・ダン記念館がある。

「北海道酪農の父」とよばれるエドウィン・ダンは，1873(明治6)年，当時北海道開拓使顧問であったケプロンの要請で来日し，1877年には100ha余の飼料畑をもつ真駒内牧牛場を発足させた。同牧牛場はのちに北海道庁種畜場と改められるが，エドウィン・ダン記念館は当時の種畜場庁舎が現在地に移築されたものである。隣接する真駒内中央公園内には，右肩にフォーク，左肩に子羊を背負ったダンの銅像がたてられている。

真駒内中央公園をでて，右手に真駒内川をみながら，川沿いにサイクリングロードを歩いて石山へむかう。石山は札幌軟石とよばれる，支笏火山の噴火によってできた溶結凝灰岩の産地であり，かつて石切山とよばれた。石山地区には札幌軟石にちなんだ石碑が点在している。真駒内中央公園から25分ほど歩くと，石山陸橋がみえてくる。希望橋を渡り，陸橋の下をくぐり，国道453号線を支笏湖方面へ100mほど歩いた右手，自転車置場に望豊台碑がある。1938(昭和13)年に軟石生産の苦労を後世に伝えるためにたてられた記念碑で，1986年に

現在地へ移転された。望豊台碑から平岸通(石山道旧道)沿いに坂道をくだって5分ほど歩くと,石山交番横に石切山街道碑がある。1995(平成7)年にたてられた碑で,札幌軟石でつくられている。平岸通をさらに5分ほど歩き,石山中央の信号を渡ると旧石山郵便局である**ぽすとかん**がある。札幌軟石でつくられた洋風石造建築で,外壁に使用されている軟石には,手掘りでの切りだし時につくこまかい模様がきざまれており,石工たちが1つ1つていねいに切りだした跡をみることができる。このぽすとかんの左横から,**石山軟石採掘場跡**を公園化した石山緑地へむかう。ここでは札幌軟石の大きな採掘跡を間近にみることができる。この石山緑地の高台からは豊平川をはさんだ対岸に,現在もなお採掘が行われている硬石山がみえ,開拓時代より,石山・川沿地区から切りだされた軟石・硬石が市内中心部へ運ばれたようすをしのぶことができる。

石山緑地を右に大きく迂回して坂をのぼると国道453号線にでる。信号を渡って右折,100mほどさきの石山東3丁目バス停から芸術の森センター行きバスで**札幌芸術の森**へむかう。芸術の森は北方の新しい芸術・文化の創造をめざし1986(昭和61)年に開設された施設で,芸術の森美術館や野外美術館,野外ステージのほか,各種芸術施設が広さ40haにおよぶ敷地内に点在し,また日本の近代文学を代表する作家有島武郎の旧邸も移築・復元されている。芸術の森入口でバスをおりる。芸術の森正門から180mほどはいった,第1駐車場の右手に**有島武郎旧邸**がある。有島武郎邸は1913(大正2)年,北12条西3丁目に新築された。その後,1960(昭和35)年から北大の「有島寮」として利用され,1983年の廃寮とともに取りこわされることとなった。しかしこれを惜しみ保存をのぞむ市民の動きがおこり,現在地に移築・復元されたものである。

地下鉄真駒内駅には,芸術の森入口よりバスで戻ることができる。

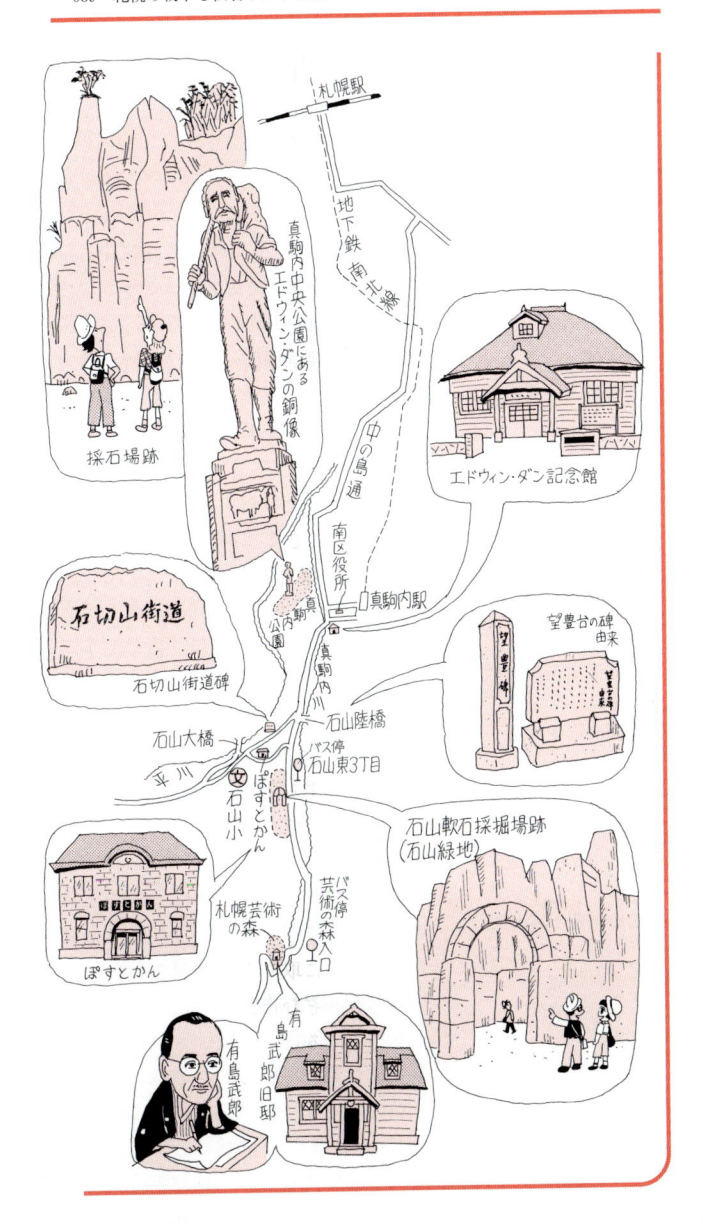

039　札幌の牧牛と軟石ゆかりの地

札幌駅

地下鉄南北線

中の島通

南区役所

真駒内中央公園にあるエドウィン・ダンの銅像

採石場跡

エドウィン・ダン記念館

石切山街道

石切山街道碑

真駒内公園

真駒内駅

望豊碑の由来

石山大橋

石山陸橋

バス停 石山東3丁目

ぽすとかん

石山小

平川

石山軟石採掘場跡（石山緑地）

ぽすとかん

札幌芸術の森

バス停 芸術の森入口

有島武郎旧邸

11 本願寺街道を定山坊と歩く

人口15万6000人をこえ発展を続ける南区も、開拓初期は原始林におおわれ、東本願寺門徒が開いた１筋の道しかなかった。この本願寺街道を南区最初の定住者といわれる定山坊と歩こう。

地下鉄澄川駅
↓ 5
本願寺街道終点碑
↓ 25
札幌市交通資料館
↓ 20
地下鉄真駒内駅
↓ 25
🚏国立札幌南病院前
↓ 1
旧簾舞通行屋(旧黒岩家)
↓ 5
本願寺街道由来板
↓ 3
本願寺街道跡碑
↓ 5
🚏簾舞
↓ 25
🚏定山渓車庫前
↓ 1
定山渓郷土資料館
↓ 15
🚏湯の町40
↓ ↑ 25
　🚏札幌国際
　　スキー場
　　↓ ↑ 20
　　ヘルベチア・
　　ヒュッテ

　地下鉄南北線澄川駅から札幌中心部へむかって平岸通を5分ほど歩き、南区と豊平区の境界をすぎると、澄川墓地手前左側に本願寺街道終点碑がある。現在の国道230号線の原形となる本願寺街道(現、平岸通)は、別名有珠新道ともよばれ、函館と札幌を結ぶ重要道路として1870(明治3)年、東本願寺門跡現如が長流(伊達市)・札幌間の開削をはじめ、翌71年に完成した。

　きた道を戻り、地下鉄澄川駅をこえ、さらに本願寺街道を南に20分ほど歩くと、地下鉄自衛隊前駅をすぎた高架下にボンネットバスや地下鉄車両などがみえてくる。高架下の空地を利用した**札幌市交通資料館**である。

　交通資料館をでて、冬期間の雪害対策である地下鉄シェルターに沿って平岸通をさらに20分ほど歩くと、地下鉄南北線真駒内駅に着く。ここから定山渓方面のバスに乗り簾舞へむかう。国立札幌南病院前でおり、案内板にしたがって100mほど進むと、右手に**旧簾舞通行屋(旧黒岩家)**がある。簾舞は1871年の本願寺街道完成によって開かれた地域である。同地はとくに交通の要所として重視され、1872年、旅行者

> 地下鉄真駒内駅
> ↓↑5
> ♀真駒内競技場
> ↓↑2
> 札幌市豊平川さけ科学館
>
> ●約6時間●

や開拓者が宿泊・休憩するための通行屋がたてられた。そして開拓使によって通行屋守に任ぜられた黒岩清五郎一家3人が入植、簾舞最初の定住者となり簾舞開拓の原点となった。

旧簾舞通行屋横の景勝塔(半鐘櫓)前に旧国道に合流する小路があり、これを道なりにのぼっていき国道230号線の簾舞跨道橋をくぐると、簾舞中学校入口の手前右手に本願寺街道由来板がある。ここ簾舞では、二星岱(標高228m)山麓で、当時の本願寺街道の一部を実際に歩くことができる。簾舞中学校の正面玄関前をとおり、体育館の横を抜けると、アスファルト路がとぎれる。そのまま温室を右手にみながら、まっすぐ進むとすぐに右手に**本願寺街道跡碑**をみつけることができる。この細い道が、開拓時代に若き僧侶の手によって開かれた本願寺街道である。伊達から中山峠をこえ、平岸までの道を開いた当時の苦労は想像を絶するものがある。二星岱の山麓の急斜面をくだると農家の畑にでる。簾舞川にかかる二星橋を渡り、5分ほど歩くと国道230号線にでる。左手に簾舞バス停があるので、ここから定山渓温泉へむかうバスに乗る。

定山渓温泉は幕末にこの一帯を探索し、のちに開拓使より湯守を命ぜられ、南区最初の定住者として温泉開発につとめた美泉定山坊にちなむものである。バスを終点定山渓車庫前でおりるとすぐとなりに定山渓小学校があり、小学校の玄関からグラウンドをはさんだ正面に**定山渓郷土資料館**がある。小学校で受付をして鍵を借り、なかにはいると、生活用品や農具などが展示してあり、開拓当時の生活をしのぶことができる。

国道230号線を温泉街へ戻り、定山渓温泉東3丁目の交差点から温泉街のほうに坂をくだり湯の町バス停から小樽方面行きのバスに乗り札幌国際スキー場バス停でバスをおり、きた道を20分ほど戻ると、左手にスイス人建築家マックス・ヒンデルが設計した**ヘルベチア・ヒュッテ**がある。地下鉄真駒内駅へは湯

の町バス停へ戻って、バスを乗りかえる。

　なお地下鉄真駒内駅から札幌オリンピック会場となった真駒内公園方面へバスに乗っていくと、75haにおよぶ同公園内の一角に札幌市豊平川さけ科学館がある。

12 琴似・発寒，屯田兵からコンサドーレへ

琴似・発寒地区は発寒川の恵みと屯田兵村を土台に発展してきた。近年，地下鉄の延長によって，その町並みを大きく変貌させ，新しい魅力がうまれている。

地下鉄琴似駅
↓1
琴似屯田兵村兵屋跡
↓5
琴似神社
↓10
北欧館パン博物館
↓1
🚏発寒橋
↓10
🚏西町北20
↓5
宮の沢白い恋人サッカー場・イシヤチョコレートファクトリー
↓8
地下鉄宮の沢駅

〇約4時間〇

　1875(明治8)年，北海道の警備と開拓のために最初の**屯田兵**が琴似に入植した。碁盤の目状に整然と区画された屯田兵村がつくられ，これが現在の琴似の町の原型となっている。地下鉄大通駅から東西線で琴似にむかう。琴似駅の1つ手前，二十四軒は，山鼻地区からの移住24戸にちなんでつけられた地名だ。同様に8戸が移住した琴似の北側地区は八軒とよばれている。地下鉄琴似駅をでると，にぎやかな繁華街があらわれる。目の前の琴似本通はかつての屯田兵村のメインストリートである。大型ストアを右にみながら北洋銀行の裏手へ歩いていくと，ひっそりと**琴似屯田兵村兵屋跡**がたたずんでいる。とても簡素な造りで，冬の寒さはたいそう厳しかっただろう。

　兵屋跡から琴似本通に戻り南にむかって進む。正面にみえる山は，その形のとおり三角山という。5分で西区役所に到着。区役所の前には，琴似屯田百年記念碑や屯田兵顕彰碑など5つの記念碑がならんでいる。通りをはさんだむかい側に**琴似神社**がある。屯田兵として入植した人びとは，仙台亘理藩や会津藩出身者が多い。彼らは徳川幕府に忠誠をつらぬき，明治新政府発足後は不幸な境遇におかれた。琴似神社は，そのような人びとの心のよりどころとして栄えてきた。この神社の境内にも屯田兵屋が保存されている。

神社をでるとすぐに，札幌・小樽を結ぶ大動脈であった旧国道5号線と交差する。この通りを右にまがって小樽方面へ歩いていくと，北欧館というパンのレストランがある。食事と一緒に，珍しい**北欧館パン博物館**も楽しめる。さらに北欧館の目の前の発寒橋バス停から中央バス小樽行き（JRバスも可）のバスで宮の沢へ移動する。西町北20のバス停でおりて東洋水産の工場をすぎると，西洋風の建物と緑のあざやかなグラウンドがみえてくる。札幌の新しい観光名所として人気を集めている**イシヤチョコレートファクトリー**があり，チョコレートの歴史や製造工程の見学，またチョコレートづくりなどが体験できる。隣接する宮の沢白い恋人サッカー場は，**コンサドーレ札幌**の練習場で，プロ選手の卓越したテクニックを間近で楽しめる。

13 新琴似屯田を訪ねる

農民中心に開拓が進められた篠路地区と屯田兵を中心に開拓が進められた新琴似・新川地区，そこに残る建築物をみることで開拓の歴史を感じよう。

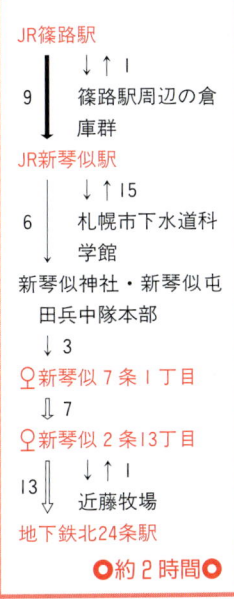

JR篠路駅
　↓↑1
9　篠路駅周辺の倉庫群
JR新琴似駅
　↓↑15
6　札幌市下水道科学館
新琴似神社・新琴似屯田兵中隊本部
　↓3
♀新琴似7条1丁目
　↓7
♀新琴似2条13丁目
13↓↑1　近藤牧場
地下鉄北24条駅
●約2時間●

　1934(昭和9)年に開通したJR学園都市線(旧札沼線)篠路駅の東口をおりると，レンガ造りや石造りの倉庫群がある。**JR篠路駅周辺の倉庫群**は，丘珠・篠路地区で収穫された札幌タマネギとして有名な品種「札幌黄」などを全国にむけて出荷する基地となっていた。東口をでて左手にみえる3棟の石造りの篠路高見倉庫は，1943年に最初の1棟目がつくられた。材質は札幌市南区石山から運ばれた軟石によるものである。

　つぎに篠路駅から学園都市線で札幌方面にむかい新琴似駅へいく。新琴似駅から南へ歩き琴似・栄町通を創成川まで歩いていくと右手に**札幌市下水道科学館**がある。ここでは体験的な施設をとおして，下水処理の仕組みや札幌の下水道の歴史を知ることができる。

　新琴似駅へ戻る。新琴似地区では屯田兵村だったころ，南北方向の道路を○番通，東西方向の道路を第○横線とよんでいた。新琴似駅から北側のマンションの間を進み，新琴似第1横線との交差点を左にまがると**新琴似神社**がみえる。境内には，1886(明治19)年に建築された**新琴似屯田兵中隊本部**が，札幌で唯一，ほぼ完全に残っている。神社をでて新琴似4番通(道道樽川篠路線)を麻生方面に歩く。学園都市線の高架線をくぐり，琴似・栄町通との交差点を右にまがると新琴似7条1丁目のバス

停がある。ここから新川ターミナル行きのバスに乗り、新琴似2条13丁目でおりると**近藤牧場**がある。かつては酪農地帯だった新川地区も、現在では宅地化が進み、ほとんどの牧場が酪農をやめている。近藤牧場も現在は酪農をしていないが、何度か増築された牛舎と木造と石造りのサイロは2基残されている。1932年にたてられた石造りのサイロは三角屋根が特徴的である。

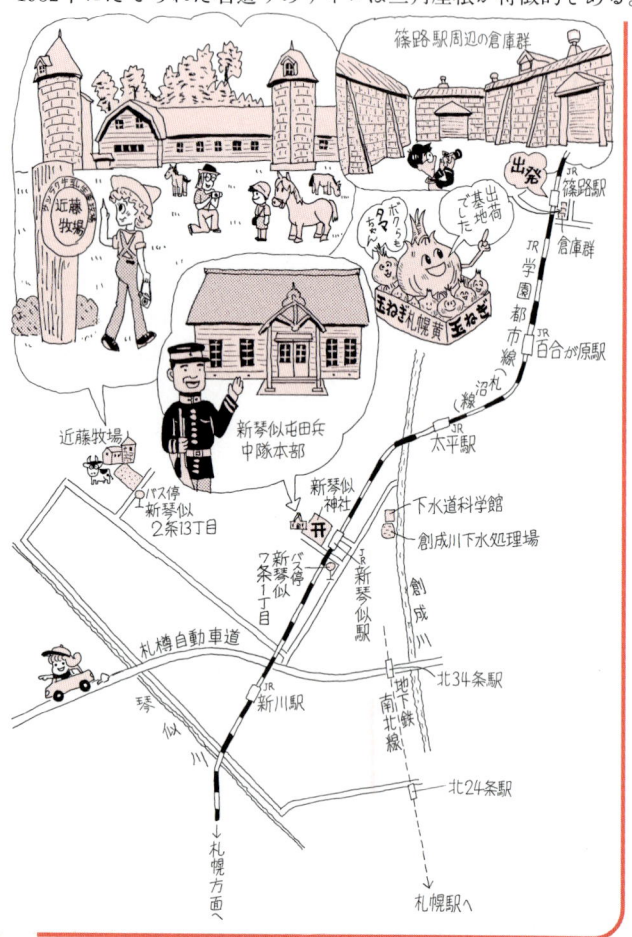

14 野幌森林公園周辺を歩く

北海道の自然，歴史，文化をまとめて知るなら，野幌(のっぽろ)森林公園周辺を歩くのが最適だろう。北海道内でも最大級の博物館を見学して北海道史を学ぼう。

```
地下鉄ひばりが丘駅
    ↓↑2
 1  旧馬場農場サイロ

地下鉄新さっぽろ駅
♀新札幌バスターミナル
    ↓↑1
10  札幌市青少年科学館

♀くりの木公園前
    ↓↑3
 6  北海道立埋蔵文化
    財センター

♀開拓の村入口
    ↓7
    野幌森林公園総合案内所
    (シャトルバス)↑↓4
 3  百年記念塔

    北海道開拓の村
    ↓10
    北海道開拓記念館
♀記念館入口
    ↓17
JR新札幌駅

   ●約5時間●
```

地下鉄東西線ひばりが丘駅をおりて北へむかう。ひばりヶ丘通との交差点を左折すると，1959(昭和34)年に造成された市営ひばりが丘団地のなかほどに**旧馬場(ばば)農場のサイロ**がある。1927(昭和2)年に創設された農場で，サイロは当時としては最大規模のものだった。

再び地下鉄に乗り新さっぽろ駅へむかう。同駅には「科学の箱船」の愛称をもつ札幌市青少年科学館がある。新札幌バスターミナルからJRバス文京台循環線に乗る。くりの木公園前でおりて，文教通を東へ進み信号を右にまがる。正面には**北海道立自然公園野幌森林公園**の木々がみえる。それを左手にみながら進むと，文教台小学校のとなりに**北海道立埋蔵(まいぞう)文化財センター**がある。正面入口には巨大な黒曜(こくようせき)石が展示されている。館内の常設展示室では，道内で発掘された遺物を土や石などの素材ごとに分けて展示している。

くりの木公園前のバス停からJRバス文京台循環線に乗ってさきに進む。開拓の村入口でおり，高さ100mの北海道百年記念塔

にむかって歩く。野幌森林公園総合案内所からシャトルバスで**北海道開拓の村**へむかう。1983年に開村した開拓の村は、北海道内の明治・大正期に建築された建物を展示する野外博物館である。入口の旧札幌駅停車場を再現した建物からなかにはいると、市街地群、漁村群、農村群、山村群に分けられた敷地内に合計63棟の建物が展示してある。開拓の村から**北海道開拓記念館**へは、開拓当時の面影を残す自然林をみながら徒歩でいくことができる。同記念館は、1971年に開館し、1992（平成4）年に全面改訂を行った。常設展示は8つのテーマに分かれていて、最初のテーマである「北の大地」の展示室には、中央にナウマン象の化石のレプリカが展示されていて、ここを出発点に北海道の自然の変遷と人間の歴史を時代を追って展示している。

15 「北のウォール街」の面影を訪ねる

戦前の小樽は,日露戦争の勝利,北海道開発政策の推進,極東・北方対外貿易の発展といった歴史的背景のなか,北海道経済の中心地としての地位をかためていった。各銀行がきそって進出していたようすは,「北のウォール街」と形容されるほどであった。当時をしのばせる歴史的建造物を歩いてみよう。

JR小樽駅
↓10
安田銀行小樽支店(北海経済新聞社)
↓3
小樽倉庫(小樽市博物館・運河プラザ)
・高橋倉庫,篠田倉庫,木村倉庫などの石造倉庫
↓20
旧共成(小樽オルゴール堂)
  ↓↑1
｜ 旧魁陽亭(海陽亭)
中越銀行小樽支店(銀の鐘)
・戸出物産小樽支店(スーベニールオタルカン)
↓6
久保商店(さかい家)
↓3
第百十三国立銀行小樽支店(旧林屋製茶)
↓1
旧百十三国立銀行小樽支店
↓1
第一銀行小樽支店(トップジェント・ファッション・

　JR小樽駅から正面の中央通を,坂をくだるように運河方面に500mほど歩いていくと,旧手宮線の線路跡をこえた左側に,太い円柱が印象的な安田銀行小樽支店(現,北海経済新聞社)の建物がある。さらに100mほど坂をくだり,運河沿いの臨港線にでると,左側に小樽倉庫(現,小樽市博物館・運河プラザ)がある。

　運河沿いに臨港線を西へ進むと,観光スポットとして利用されている高橋倉庫(現,グラス・シップ),篠田倉庫(現,小樽海鮮省),木村倉庫(現,北一硝子3号館)などの石造倉庫が左右にみえる。運河が半分埋め立てられた今でも,艀が行き交った当時の活況を想像することができる。ここを約1km西へむかって散策すると,右側に旧共成(現,小樽オルゴール堂)の木骨レンガ造りの建物がみえて

コア)
↓1
三菱銀行小樽支店(北海道中央バス第2ビル)
↓2
日本銀行旧小樽支店
↓1
旧北海道銀行本店
↓2
旧北海道拓殖銀行小樽支店
↓1
三井銀行小樽支店
↓2
小樽商工会議所
↓2
第四十七銀行小樽支店(現,北海道紙商事)
↓10
JR小樽駅

〇約2時間〇

くる。この南東方向の坂をあがると、旧魁陽亭(現, 海陽亭)がある。

今度は、方向は引き返す形になるが、臨港線の南側の平行道路である堺町本通から色内大通沿いを歩いてみよう。旧共成の建物が面する複雑な交差点は、厳密にいえば、色内大通付近の「北のウォール街」とよばれた場所からははなれているが、かつて交通の要衝であったことの証である。江戸時代にはオタルナイ場所が開かれ、交易のための運上屋もおかれていた。この交差点を渡ると、いずれも大正末期にたてられた近代的な鉄筋コンクリート造りで、かつ富山県ゆかりの中越銀行小樽支店(現, 銀の鐘)および戸出物産小樽支店(現, スーベニールオタルカン)の建物がある。

さらに道路沿いに北上すると、左手に昔の木造商家の名残りをとどめる久保商店(現, さかい家)があり、その約300mさきの右側に、小さいながら明治の面影をよく残すとされる第百十三国立銀行小樽支店(旧林屋製茶)の建物や、屋根の棟の両側のシャチ飾りと正面アーチ状の窓が印象的な岩永時計店、石張の外壁にレンガタイルがあざやかな旧百十三銀行小樽支店などが軒を連ねている。ここから於古発川を渡って色内大通にはいっていくと、いよいよこのコースの最終目的地である「北のウォール街」界隈に着く。浅草通との交差点手前には、左側に1912(大正元)年に支店をだした第一銀行小樽支店(現, トップジェント・ファッション・コア)、道路をはさんで右側むかい

には1922年に開設された三菱銀行小樽支店(現，北海道中央バス第2ビル)がある。

ここから国道5号線方面に浅草通の坂をのぼると，左手に日本銀行旧小樽支店がある。変化にとんだ壁面や銅板葺きのドーム状の屋根など異国情緒をただよわせる風格あるデザインは，長らく商都小樽のシンボルとして市民に親しまれてきた。しかし，業務の合理化などから2002(平成14)年支店業務は廃止され，資料館として近日公開される予定である。通りをはさんでむかい側には，旧北海道銀行本店がある。こちらはシンプルな造りながら，アーチ状の窓とそれを縁どる装飾的な石組みがはなやかさを演出している。

再び港側に色内大通まで引き返すと旧北海道拓殖銀行小樽支店がある。現在の建物は1923(大正12)年にたてられたものである。なお完成の翌年にはプロレタリア作家として有名になる小林多喜二が為替係として就職している。

通り沿いに北側に進むと，右手に三井銀行小樽支店がある。現在の建物は1927(昭和2)年竣工で，外壁には北米産の花崗岩が貼ってあり，深く大きくとられたアーチ状の窓枠が，印象的である。そのさき左手には小樽商工会議所の建物がある。事務所として1933年に完成したもので，全体的に重厚な雰囲気がただよい，正面玄関や外壁の仕上げには本州産の大理石や千歳石が使われている。このならびには，いずれも大正期に繊維業界で活躍した塚本商事(現，ウォーキーセレクション)や梅屋商店(現，アリババ・コレクション)の建物もある。

そのさき中央通と交差するところまで進むと，手前にこのコースの終点となる第四十七銀行小樽支店(現，北海道紙商事)の建物がある。昭和初期の建造とされる小さな建物ながら，深くえぐりとった空間を4本のどっしりと太い円柱がささえている正面入口やタイル張りの外装が銀行らしい重厚さを演出している。約10分でJR小樽駅へ戻れる。

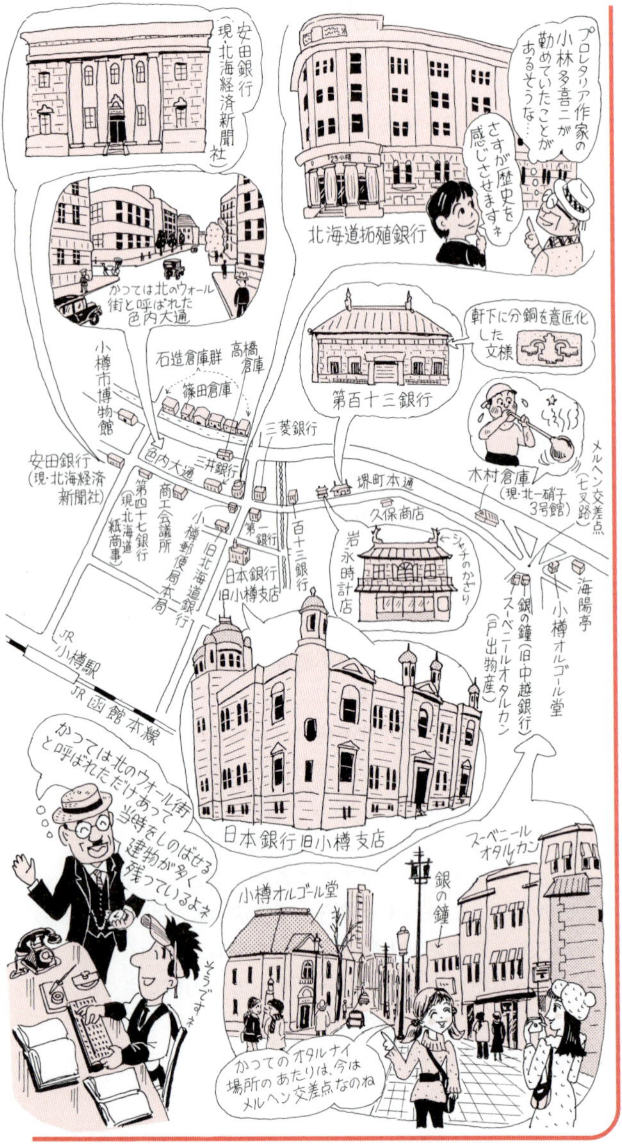
安田銀行（現・北海経済新聞社）
プロレタリア作家の小林多喜二が勤めていたことがあるそうな……
さすが歴史を感じさせますネ
北海道拓殖銀行
かつては北のウォール街と呼ばれた色内大通
軒下に分銅を意匠化した文様
第百十三銀行
小樽市博物館
石造倉庫群
高橋倉庫
篠田倉庫
三菱銀行
安田銀行（現・北海経済新聞社）
色内大通
三井銀行
堺町本通
木村倉庫（現・北一硝子3号館）
メルヘン交差点（七叉路）
第四十七銀行（現・北海道紙商事）
商工会議所
小樽郵便局本局
旧北海道銀行
第一銀行
百十三銀行
日本銀行旧小樽支店
久保商店
岩永時計店
シャチのかざり
海陽亭
小樽オルゴール堂
銀の鐘（旧中越銀行）
スーベニールオタルカン（戸出物産）
JR小樽駅
JR函館本線
日本銀行旧小樽支店
かつては北のウォール街と呼ばれただけあって当時をしのばせる建物が多く残っているよネ
そうですネ
スーベニールオタルカン
銀の鐘
小樽オルゴール堂
かつてのオタルナイ場所のあたりは、今はメルヘン交差点なのね

16 小樽，文学の地を訪ねる

小樽は小林多喜二や伊藤整，岡田三郎などすぐれた作家を大勢うんでいる。また小樽ゆかりの文学作品も多い。小樽の風土と作品との関わりを思いながら歩いてみるのも楽しい。

JR小樽駅
↓10
海猫屋
↓10
小樽文学館
↓5
小樽日報社跡
↓3
♀小樽駅前
↓7
♀小樽商大前
↓2
小樽商業高校
↓30
旭展望台
小林多喜二文学碑
↓30
カトリック富岡教会
↓15
船見坂
↓5
JR小樽駅
●約3時間●

　JR小樽駅をくだり国道5号線を左におれて船見坂下の信号を渡る。中央卸市場と3棟の中央市場を左手にみながら旧手宮線の線路をこえるころ，正面右手にツタのからまる赤レンガ造りの蔵がみえてくる。これが海猫屋で，今は飲食店であるが，小林多喜二の小説のモデルとなった磯野商店が，1906(明治39)年に倉庫としてたてたものである。ここから海猫屋手前の十字路を右折し，小樽の黄金時代を今に伝える色内大通に沿って歩く。小樽郵便局を山側へおれると，「北のウォール街」でもひときわ目を引く日本銀行旧小樽支店がみえてくる。そのむかいが市立小樽文学館(市立小樽美術館・市役所分庁舎と同じ建物)である。

　小樽文学館には，小林多喜二のデスマスクや伊藤整の書斎を再現したコーナーがあり，石川啄木・岡田三郎・小田観蛍・並木凡平・八田尚之・小熊秀雄など，小樽ゆかりの作家の著作や原稿，書簡が展示されている。小樽文学館からさらに山側へのぼると国道の1本手前右手の小路が静屋通である。網元の旧別邸を改装した建物や石造りの蔵を利用した個性的な建物がある。そのならびの内科病院前に，石川啄木・野口雨情らが発刊に加わった1907年創立の小樽日報社跡の標示がある。雨情は十数日で小樽を去り，啄木も主

筆との対立から数カ月で退社して小樽を去った。そこをすぎて左折し国道を渡ると中央バス乗り場小樽駅前にでる。小樽商科大学(旧小樽高等商業学校)は，北の商都をになう人材を養成するため，1911年に開校している。多くの経済人を輩出したこの学校は小林多喜二や伊藤整をうんだが，高浜虚子の長男年尾を中心とした俳句グループ緑丘吟社の青年たちもはぐくんでいる。彼らの母校と多喜二の文学碑へは，小樽駅前から小樽商大線のバスに乗り終点小樽商大前で下車する。おりたところの坂道を地獄坂というが，傾斜がきつく冬道はきびしい。坂をくだるとやはり多喜二の母校になる小樽商業高校(旧北海道庁立小樽商業学校)があり，その左手に旭展望台への登り口(冬季間は閉鎖)がある。緑におおわれた坂道をかなりいくと二股地点に標識があり，左が小林多喜二文学碑，右が旭展望台になる。文学碑には，「冬が近くなるとぼくはそのなつかしい国のことを考えて深い感動に捉えられている。……赤い断層を処々に見せている階段のようにせり上がっている街を，ぼくはどんなに愛しているか分からない」と，獄中から友人に宛てた手紙の一節がきざまれている。一方，展望台からは市街地が眼下に広がり石狩湾が一望できる。晴れた日には雄冬岬や暑寒別連峰がみえ，素晴らしい眺望である。

　きた道を戻り地獄坂をずっとくだっていくと左側に幼稚園の標示がみえ，つぎの小路左手奥に美しい姿の**カトリック富岡教会**がたっている。今度は教会前の小径をくだり突き当りを左折する。すぐ左手に**浅草観音寺**があるが，この寺の**聖観音立像**は近年道内で最古の仏像と確認されている。その前をすぎて閑静な住宅街をまっすぐいくとまた突き当りになるが，その少し手前，公共住宅と車庫の間の小径をくだって最初の左手の道をまっすぐ進む。山側に石造りの蔵がある十字路まできたらそこが船見坂である。家並みのむこうに港がみえ，一幅の絵になる景色のせいか映画やテレビのロケ地となったり，絵画や小説の舞台として登場することが多い。坂をくだり船見橋を渡って右折し，三角市場脇を抜けたらJR小樽駅である。

055 小樽，文学の地を訪ねる

17 小樽の美術館と博物館を歩く

観光客があふれる小樽運河(うんが)周辺には，石造り倉庫など古い建築物を利用した博物館が多数ある。これらの博物館や美術館をとおして北海道経済の中心であったころの小樽を感じてみよう。

JR小樽駅
↓15
市立小樽美術館
↓10
小樽市博物館
↓1
小樽運河工芸館
↓18
北一ヴェネツィア美術館
↓3
小樽オルゴール堂
↓1
海陽亭
↓5
JR南小樽駅

●約4時間●

★この地域には，観光名所を巡回する「おたる散策バス」も運行されている。1回の乗降で，大人200円・小人100円，1日乗車券大人750円・小人380円。

　JR小樽駅から駅前の中央通をくだって右手に繁華街を抜け，海にむかっておたる日銀通をくだる。すぐに日本銀行旧小樽支店のむかいに**市立小樽美術館(市立小樽文学館・市役所分庁舎と同じ建物)**がみえる。周囲にくらべるとさほど古い建築とは思われないが，小樽に在住する版画家一原有徳(いちはらありのり)が1927(昭和2)年から43年間勤務していた旧郵政省小樽地方貯金局である。ここの地下アトリエは，彼が版画家としてスタートを切った場所でもある。館内には常設展や市民ギャラリーのほか，風景画家「中村善策(なかむらぜんさく)記念ホール」がある。

　ここからさらに日銀通をくだるとすぐに**小樽運河**の南端がみえる。小樽運河は，入港した船の荷物をさばくため，計画から30年近くを経た1923(大正12)年に完成した。しかしその後，艀荷役(はしけにゃく)衰退に伴う運河の老朽化と国道の交通渋滞緩和の観点から，運河の埋立てと臨海線の開通計画が決定された。しかし運河保存運動もあって1986(昭和61)年，運河の半分を残しての臨海線が開通した。その結果，景観がほどよく整備されることとなり，歴史的風情のある観光名所として人気をよんでいる。

運河沿いに手宮方向に100mほどいくと**小樽市博物館(旧小樽倉庫)**がある。ここも，1893(明治26)年に加賀商人の建造した小樽倉庫の一部を再利用したものである。シャチホコがあげられ，中庭を中心にして左右対称に配された木骨石造り倉庫で，博物館のほかに運河プラザという小樽市観光物産店としても利用されている。博物館の展示物は，小樽の発展を示す古地図や絵画のほか，海陸物産商などの町並みを室内に復元したコーナーや，古代生活の体験コーナー，北海道の昆虫・植物を配したジオラマなどがある。西どなりには，屋根に配した2つのドームがめだつ**小樽運河工芸館**があり，花瓶やグラスの制作風景の見学や吹きガラス，ステンドグラスの制作体験などができる。

　北運河から運河沿い散策路の1本山側の道道小樽臨港線沿線には，メルヘン交差点とよばれる堺町の七叉路付近まで，寿司屋や土産物店がたちならんでいる。その交差点付近はかつてのオタルナイ場所の中心であったが，1881(明治14)年の大火を契機に勝納川周辺からこの地へ移動する人が激増したため，山をくずして海を埋め立て，市街地が造成された。その後つぎつぎに石造り倉庫群が建設され，現在は観光資源として再利用され賑わいをみせている。

　小樽のガラスは今でこそ生活雑貨や芸術的な製品としてのものが多いが，本来は漁網と結びついて発展したものである。国道5号線沿いにたつ老舗の北一硝子は1901年創業で，もとは石油ランプや漁網の浮き球を製造していた。小樽運河の中心部から札幌方向に臨海線沿いを500m，10分ほど歩くと**北一ヴェネツィア美術館**がある。ヴェネツィアに現存する宮殿を模した外観で，ヴェネツィア文化とガラス工芸品を展示するため1988(昭和63)年に開館した。このならびに明治の石造り倉庫をそのまま利用した世界のランプやガラス器が集められた北一硝子3号館もある。

　ここから300m東のメルヘン交差点に面して**小樽オルゴール堂**がある。1912(明治45)年建築の米穀商社共成株式会社の社屋を利用したもので，木骨レンガ造りの2階建てで，建物の内

部は総ヒノキ造りの大ホールとなっている。このホールを利用してオルゴールの演奏や販売が行われている。この周辺の土産物店はほとんどが歴史的建造物を利用したものである。オルゴール堂から東に徒歩1分で，料亭**海陽亭**がある。1896年に建設された広大な木造2階建て家屋であり，現在も営業している。138畳敷きの大広間で**日露国境画定会議**の終了後の大宴会が行われたり，故石原裕次郎が好んで利用したことなど，長く小樽の発展に花を添え続けている存在である。ここから山のほうへ坂を300mほどのぼると，JR南小樽駅が左手にみえてくる。

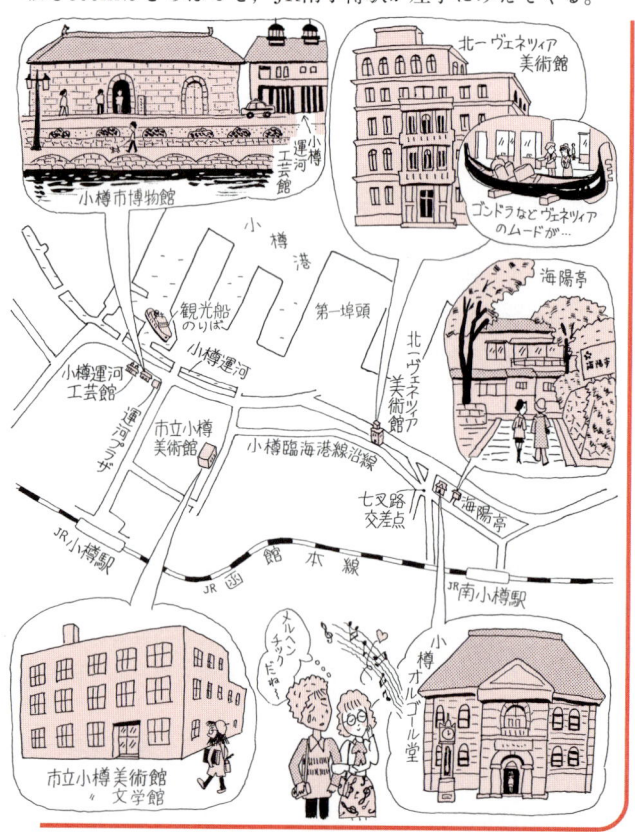

18 小樽手宮・祝津方面を歩く

小樽の北西部，手宮・祝津方面にはニシン漁と海運の拠点として栄えた当時の遺物が数多くあり，北海道の産業の変遷が凝縮された「生きた博物館」のようである。当時の活気を想像して歩いてみよう。

♀JR小樽駅前バスターミナル
⇩25
小樽市鰊御殿
↓20
旧青山別邸
↓5
♀祝津3丁目
⇩15
♀手宮バスターミナル
↓2
小樽交通記念館
↓1
手宮洞窟保存館
↓1
♀交通記念館前
⇩3
♀北運河または旧日本郵船前
↓1
旧日本郵船小樽支店
↓23
JR小樽駅
○約4時間○

　JR小樽駅前バスターミナルからおたる水族館行きに乗り，海と山にかこまれた町の特徴といえる細くいりくんだ道をのぼると，小樽の北端に位置する祝津の**おたる水族館**に到着する。水族館前バス停のうえにみえる木造の建物が**小樽市 鰊御殿（ニシン漁場建築）**である。江戸時代から明治・大正期，祝津から積丹半島にかけての漁場はニシンの豊漁にわいていたが，昭和にはいってニシンは漸減し，現在ではほとんど水揚げされていない。この鰊御殿は網元田中福松の自宅と出稼ぎ漁民の宿舎をかねたもので，凝った建築様式とその規模から往時の網元の財力を知ることができる。もともとは1897（明治30）年に後志管内泊村にたてられたものだが，**北海道炭礦汽船（北炭）**が創立70周年を記念して現在地へ移築し，小樽市に寄贈したものである。現在，北炭は国内炭鉱をすべて閉山しての再建中であり，そういう点で鰊御殿は北海道の基幹産業の変遷をみせているかのようである。ニシン漁の面影を感じながら鰊御殿から15分，祝津港を左手にみながら潮風にふかれて歩き，祝津3丁目のバス停で右折するとまもなく，**旧青山別邸**に到着する。ニシン漁の網元である青山家の別荘として，1918（大正7）年から6年間かけて，贅をつくして建造された。

山形県酒田の職人たちが腕をふるった建築技術のほか，庭園や調度品・襖絵などの芸術性も高い。

祝津3丁目のバス停から市内行きのバスに乗ると15分ほどで手宮バスターミナルに着く。レンガ造りの機関庫が印象的な**小樽交通記念館**はすぐ近くである。交通記念館は広大な敷地を有し，現存最古の機関庫や国産機関車など多くの鉄道車両を保存している。広さをいかしてホームもつくられ，実際に車両に乗りこんだり，SL運行による動態展示も体験することができる。屋内では鉄道関連の資料のみならず交通史を総合的に展示している。また，敷地内には北海道で最初の幌内鉄道の北海道鉄道開通起点がある。

交通記念館の正面玄関からでると，左側の道路に**手宮洞窟**がみえる。現在，**小樽市手宮洞窟保存館**によって保存されている洞窟内の文様は1866(慶応2)年に発見されたが，その後の鉄道敷設などによって当初の姿を喪失しつつあった。しかし1921(大正10)年に国指定史跡となり，現在は1995(平成7)年に完成した保存館からガラスごしに古代彫刻をみることができる。この彫刻は今からおよそ1600年前ごろにきざまれたと考えられており，同時期の彫刻としては余市町の**フゴッペ洞窟**がある。手宮洞窟の彫刻をめぐる解釈はいろいろあるが，アムール川周辺やロシア・中国・朝鮮半島の岩壁画にも共通点がみられ，日本海をかこむ大きな文化の流れをあらわすと考えられている。

交通記念館前バス停から再び市内行きかおたる散策バスに乗り，バス停北運河でおりると(おたる散策バスは「旧日本郵船前」)，**旧日本郵船株式会社小樽支店**がそびえている。日本郵船は，小樽に1878(明治11)年に進出したが，この建物は1906年に小樽支店として落成したもの。当時は建物の前面には専用の船入澗，輸出入倉庫があって貨物を積んだ艀が出入りし，裏側に鉄道が走る絶好の場所であった。近代的に設計された純石造の外観と，道産材を使ったていねいな職人技がひかる内部が調和している。会議室では**ポーツマス条約**に基づく**日露国境画定会議**の打ち合わせ会議が行われ，関連史料も展示されている。

小樽手宮・祝津方面を歩く

運河の北端から観光客でにぎわう小樽運河の中心部まで、歴史的建造物に指定された石造り倉庫がならんでいる。

19 花園・南小樽界隈を歩く

花園・南小樽界隈には，鎮守の森をはじめ官公庁・商店街にネオン街，市場や住宅など表情豊かな小樽の素顔がある。そしてときの流れを感じさせる多彩な史跡や歴史的建造物にゆきあたる。

JR小樽駅
　↓2
♀中央通
　↓5
♀市民会館通
森ヒロコ・スタシス
　美術館
　↓5
小樽公園・
小樽市公会堂
　↓15
石川啄木居住の地
　↓5
水天宮
　↓1
職人坂
　↓10
メルヘン交差点・
オタルナイ運上屋跡
　↓1
海陽亭
　↓10
カトリック住ノ江教会
　↓1
住吉神社
　↓20
宗圓寺五百羅漢像
　↓10
♀潮見台

　JR小樽駅からまっすぐ海側へくだり，右側北陸銀行前の中央通バス停から山手線に乗り市民会館通で下車する。おりたバス停むかいに**森ヒロコ・スタシス美術館**があり，芸術鑑賞を楽しめる。

　緑1丁目の信号を右におれて紅葉橋の坂という小さな坂道をのぼる。この辺りから緑が多くなり，しゃれた街灯に縁どられた紅葉橋を渡って坂をのぼりきったところに，市民会館や裁判所，市民体育館などがある。その木立の茂る一角が小樽公園である。紅葉橋は大正初期に小樽八景の1つに数えられた美景であるが，その橋のところ，於古発川沿いに3軒の同形の家がならんでいる。これは昭和初期の建築で今なお現役，なつかしい風景である。

　紅葉橋の坂をのぼった右角の純日本風建築物が**小樽市公会堂**である。皇太子殿下(大正天皇)の行啓にさいし，1911(明治44)年豪商藤山要吉が宿泊所として建築し市に寄贈したものである。また東北以北唯一といわれる格式ある**能楽堂**があり，毎

> ♩ 10
> ♀ 小樽駅前
> ◉3.5〜5時間◉

年一般公開され能楽が演じられる。
　グラウンドを右にみながら道なりに進む途中、左手から小樽公園の見晴台へとのぼる。視界の開けたところから、正面に小高い丘になっている水天宮や埠頭、フェリーターミナルなどがみえている。見晴台から左手側、市民会館のほうへおりていくと、「こころよく　我にはたらく仕事あれ　それを仕遂げて　死なむと思う」という石川啄木の歌碑がある。小径をたどると小樽公園の入口に着き、そこからは公園通である。商店街のむこう正面に水天宮の鳥居がみえる。公園通付近にはおたるミルクファーム(旧小樽保証牛乳)や日本基督教団小樽公園教会など個性ある建造物が多い。また正面壁面にコリント様式を模した6本の角柱をもつ小樽市庁舎本館があり、玄関ホールには美しいステンドグラスがはめこまれている。

　国道をこえ水天宮へとむかう途中右側に、**石川啄木居住の地**がある。この辺りは花園銀座ともいわれ、商店や飲食店が数多く集まっている由緒ある繁華街である。はなぞのばしを渡り、大きな石灯籠をすぎて鳥居をくぐり石段をのぼる。石段の左側にある小さな教会は、1907(明治40)年創立の木造建築、小樽聖公会である。イギリス国教会の流れを汲んでいる。**水天宮**の境内は桜の木にかこまれている。標高約55m、埠頭の水ぎわから700mのところにあるため、碇泊する船や港湾施設などを身近にみわたすことができ、素晴らしい景観、展望の地である。かつては水ぎわからそそりたつ小さな岬のようだったというが、埋立てによって今は海が遠のいている。拝殿裏手に経度測定標と旧樺太国境中間標石がある。

　同じ道を戻り、石灯籠の手前の道を左におれて南小樽方面にむかう。この通りは職人坂とよばれる。往時は仏壇屋、建具・家具屋、古着屋、古道具屋などが軒を連ね年中人が多かったというが、今は静かな通りである。右にガソリンスタンド、左に瓦屋根の土屋薬品がある十字路まできたら、左折して五叉路のメルヘン交差点までいこう。この辺りは旧入船川(のちに暗

渠)の河口で船入澗があった。堺町郵便局のところが史蹟**オタルナイ運上屋跡**である。江戸時代に和人とアイヌとの交易所だったのが運上屋で、オタルナイ場所とよばれた商場の行政・交易拠点だった。明治〜昭和期もこの辺りは物資流通の要となり、銀行・商店・倉庫などがあった。交差点の周囲にはホクリョウ(旧上勢左吉商店)、スーベニールオタルカン(旧戸出物産小樽支店)、銀の鐘(旧中越銀行小樽支店)、小樽オルゴール堂(旧共成)などの建造物があり、JR南小樽駅周辺は繊維卸問屋街となって今に至っている。

　メルヘン交差点から三本木急坂をのぼると**海陽亭**である。格調高い料亭として伊藤博文、原敬、岩崎小弥太など中央政財界の人物をもてなし、豪商たちの豪遊ぶりを今に伝えている。**カトリック住ノ江教会**へは、海陽亭の入口からほぼまっすぐに山側へとのびている道を国道5号線までいき、入船交差点の信号を渡って左折する。信号近くの住ノ江会館からのぼり、すぐ左の道にはいると白亜の小さな教会がある。和洋折衷の個人の邸宅を教会としたもので、1897(明治30)年ころの木造建築である。道の正面突き当りの森が**住吉神社**である。森に沿ってのぼっていくと木立の開けたところがあり、風格のある社務所がみえる。そこから境内にはいろう。

　住吉神社は1868(明治元)年に大阪住吉神社から分霊、1892年墨江神社を住吉神社と改称した。海上の守護神をまつり、また小樽の総鎮守として広く信仰を集め親しまれている。石段をおりたところが国道5号線である。

　五百羅漢像で名高い**宗圓寺**へは国道を海にむかって右手、札幌方面へむかう。勝納川を渡り、龍徳寺前の交差点まできたら国道をはずれて正面の坂道をのぼる。ずっとのぼっていくと標識があり、あとは矢印のとおりにいけばよい。仏教の修行をしている羅漢さまはみな生き生きとした表情をしている。よくみると自分にそっくりな羅漢さまがいるという。帰りは宗圓寺前の坂道を道なりにくだる。国道までできたら右折してバス停潮見台から乗車、JR小樽駅まで戻ろう。

このコースの途中には，中国風意匠の石門をもつ猪股邸や昭和初期の代表的な医院建築である水上邸がある。また，私設のもったいない博物館や我楽古多博物館もあり，時間と体力に応じてまわることができる。少し足をのばすと北の誉酒造・酒泉館，外観のみの見学となるが大正時代の瀟洒な洋館の和光荘へいくことも可能である。

20 余市，日本海交易の足跡を訪ねる

北海道が蝦夷地とよばれるようになるはるか以前から，そしてその後もかわることなく多くの人や物が往来し，連綿たる歴史をきざんできた町，余市。その歴史にふれてみよう。

JR余市駅
　↓3
ニッカウヰスキー
　余市蒸溜所
　↓2
余市宇宙記念館
　「スペース童夢」
　↓15
よいち水産博物館・
歴史民俗資料館
　↓10
旧余市福原漁場
　↓12
旧下ヨイチ運上家
　↓10
♀余市町役場前
　⇩12
♀フゴッペ洞窟前
　　　↓↑1
5　　フゴッペ洞窟

♀忍路小学校前
　　　↓↑10
14　　忍路環状列石

JR余市駅

〇約5時間〇

　小樽からJR函館本線で列車にのること約30分，車窓の右手に広がる日本海は古来より人や物が行き来するはなやかな歴史の舞台であった。積丹半島の付け根に位置する余市は，その歴史の舞台において重要な役割をはたしてきた土地である。

　JR余市駅で列車をおり，真新しい駅舎を背に駅前通をまっすぐ歩く。国道5号線を横切り，100mほどいくと，左手に石壁と赤いトタン屋根のコントラストがあざやかな建物群があらわれる。週末ともなれば大型観光バスが駐車場狭しと連なる観光スポット，これがニッカウヰスキー余市蒸溜所である。1934(昭和9)年，ニッカウヰスキーの創業者，竹鶴政孝が，ウイスキーのふるさとスコットランドによく似た風土のこの余市に理想のウイスキー工場を夢みて建設したのがはじまりである。竹鶴は，ウイスキーが熟成するまでの数年間，ブドウ酒やリンゴ酒をつくりその収入としたといわれるが，なるほど，ブドウやリンゴ，サクランボなど町の至るところに果樹園の看板が立ちならぶその風景は，この地の気候の温暖さと自然の豊かさを雄弁に物語っている。

駅前通をさらに100mほどいくと、今度はうってかわって近未来的な雰囲気をただよわせる建物に目がとまる。これが**余市宇宙記念館「スペース童夢」**である。余市は、日本人としてはじめてNASAの宇宙飛行士となった毛利衛が生まれた町で、1998(平成10)年、余市町では単に個人の記念館にとどまらない総合施設として「スペース童夢」を建設した。

　この建物の裏手を悠々と流れるのが、町のシンボル余市川。駅前通をさらに少し歩くと、この川にかかる１本の橋を渡ることになる。余市橋と名づけられたこの橋のうえにたつと、眼下には余市川の河口が広がり、視線をあげたそのむこうにははるかなる日本海が横たわる。ここはいわば余市の海の玄関口にあたるのだが、この玄関口にはもう１本、橋がかかっている。余市橋の右手、余市川の最河口部に位置し、市街地と積丹半島方面を結ぶ道道228号線にかかる大川橋がそれである。そしてこの橋のかけ替え工事にさいして行われた発掘調査により姿をあらわしたのが、**大川遺跡**である。1989(平成元)年からはじめられたこの遺跡調査では、古代北東アジアにおける幅広い交易活動を物語る遺物が多数出土し、それは単に北海道の古代史のみにとどまらず、東アジア全体の古代史に対しても、大きな問いかけをするものとなった。現在は護岸工事や整地もおわり、その痕跡さえみあたらないが、この橋のたもとにたつとき、かつてここにあったであろう太古の人びとの生活に思いを馳せることは決してむずかしいことではない。なお、この大川遺跡の発掘遺物は、後述の歴史民俗資料館に展示されている。

　余市橋を渡り駅前通をさらにいくと、右手に小高い丘がある。モイレ山と名づけられたこの丘をのぼりきったところにあるのが**よいち水産博物館**である。ここはかつてニシン千石場所の１つとして繁栄したこの町に、数多く残っている水産関連の遺物を保存・展示するためにたてられたもので、さらに併設の歴史民俗資料館には北海道指定有形文化財の天内山遺跡や前述の大川遺跡出土の遺物などが展示されている。余市の歴史を訪ね歩くにあたって、最初に訪れるにはもってこいの施設といえる。

モイレ山をくだり，積丹半島方面にむかう国道229号線に沿ってしばらく歩くと，左手に**旧余市福原漁場**がみえてくる。ここには明治期のニシン漁場建築が復元されており，明治から昭和初期の漁業活動の一端を物語る建物として貴重なものである。きた道を戻り途中の案内板にしたがってモイレ山の麓を海側に進む。夏には多くの海水浴客でにぎわう浜中海水浴場を左手にながめながら，さらにモイレ岬を進むと右手に平屋の建物がみえてくる。これが**旧下ヨイチ運上家**である。この建物は当時道内に数十カ所あったといわれている運上家のなかで，その遺構が現存する唯一のものとなっている。

運上家をあとにすると，ここから時代は一気に古代へとさかのぼる。きた道を戻り再び国道にでたあと，左手に進んで余市駅方向にむかうと，バス停余市町役場前がある。ここから小樽駅前行きバスに乗りフゴッペ洞窟前で下車すると，歩いて1分ほどのところに全国的にも珍しい洞窟遺跡の**フゴッペ洞窟**がある。日本初のカプセル保存方式で残されている内部の岩壁には，仮装した人物や動物など200以上の刻画があり，古代人の精神世界の一端を垣間みることができる。

さらにこの地における古代人の精神世界というと忘れてならないのがストーンサークル（環状列石）である。余市からその東部に隣接する小樽市忍路にかけての一帯にはこういった古代の配石遺構が多く，余市西崎山環状列石，**忍路環状列石**，忍路地鎮山巨石遺構など半径4km圏内に100基ほどの配石遺構が確認されている。せっかくフゴッペ洞窟までできたのなら，こうした国内でも最大級の配石遺構密集地帯へもぜひ足をのばしてみたい。忍路環状列石へいくには，フゴッペ洞窟前バス停から再び小樽駅前行きバスに乗って忍路小学校前で下車，10分ほど歩く。近世から近代，さらに古代まで満喫したあとは，小樽駅前発，梅川車庫行きの中央バスに乗りJR余市駅まで戻る。

069 余市, 日本海交易の足跡を訪ねる

21 野幌丘陵開拓の地を歩く

石狩平野の東南部，野幌丘陵に位置する江別市の開拓はJR鉄道線路をはさんで，北側は屯田兵，南側は開拓移民集団「北越殖民社」によるという。その開拓ゆかりの地を歩いてみよう。

JR野幌駅
↓ 2
天徳寺
↓ 4
野幌開村緑地
↓ 2
江別市ガラス工芸館
↓ 2
江別市屯田資料館
↓ 5
湯川公園・屯田兵屋
🚏湯川公園前
↓ 6
🚏見晴台
　　↓↑ 5
3　後藤遺跡（江別古墳群）・江別チャシ
🚏第3中学校
↓ 1
旧町村農場
↓ 10
樺太アイヌ慰霊碑
↓ 15
史跡飛鳥山(旧競馬場)
↓ 5
江別市郷土資料館
↓ 7
火薬庫(屯田兵第3大隊本部跡)

　1889(明治22)年開設というJR野幌駅でおり，駅前の通りを北にまっすぐ2分ほど歩くと屯田兵ゆかりの**天徳寺**が右手にある。野幌屯田兵村の寺として1902年に創建されたもので，寺内には屯田兵木像32体がある。天徳寺から北へ国道12号線を渡り，野幌グリーンモールとよばれるレンガ敷きの遊歩道をいくと，左手に赤レンガの野幌公民館，そして学園通を渡ると左手に木立と江別第2中学校の校舎がみえる。江別第2中学校は練兵場の跡地にたてられたもので，隣接する小公園は野幌開村緑地といい，史跡野幌兵村練兵場の標柱のほか，1915(大正4)年に建立された開村30周年の記念碑と1934(昭和9)年の開村五十年碑がある。なお中学校校舎の北西側には屯田兵村記念館を併設する野幌公会堂の建物がある。

　江別第2中学校の校舎を左手にみながらグリーンモールを進むと，右手にレンガの洋館がたつ広場にでる。その洋館が旧石田邸を改修・保存した**江別市ガラス工芸館**である。そして2番通を渡った右手には錦山天満宮がある。境内には現在**江別市屯田資料館(江別市郷土資料館分館)** となっている野幌

↓ 7
旧北陸銀行江別支店
↓ 5
JR江別駅
↓ 10
JR野幌駅
↓ 10
⚲植民社
↓ 2
千古園
↓ 8
セラミックアートセンター
⚲セラミックアートセンター前
↓ 12
JR野幌駅
●約6時間●

屯田兵村の第2中隊本部と被服庫がある。天満宮境内は錦山天満宮境内林と野幌屯田兵第2中隊本部樹林という江別市の指定保存樹林で、かつての野幌丘陵自然林の名残りという。さらにグリーンモールをいくと左手に江別第2小学校があり、さらに3番通を渡って福音キリスト教会を左手にみながらいくと、天満宮から5分ほどで湯川公園につきあたる。4番通に面する公園の北側には復元された屯田兵屋があり、当時がしのばれる。この公園は自然池などもあり、市民憩いの森となっている。なおここまでの間、公民館、ガラス工芸館、そして湯川公園に駐車ができ、そこからの散策も可能である。

4番通の湯川公園前から江別駅前行きバスに乗車。途中、新しい住宅地域の見晴台で降車、5丁目通(道道江別インター線)を300mほど北上すると、道道札幌北広島環状線に分岐する左手、旧豊平川(世田豊平川)河畔の段丘上に江別古墳群がある。後藤遺跡ともよばれる北海道式古墳であるが、現在保存されている18基は土饅頭のような形で場所がわかる程度である。擦文文化期前半にあたる8世紀後半〜9世紀前半のものと考えられており、道内に現存する最北の古墳群という。さらに後藤遺跡から5丁目通を東に渡った150mさきの道路左手に史跡旧豊平河畔遺跡と江別チャシの標柱がある。道路左手河畔の段丘面木立のなかに下草が刈られた平地があり、その一帯が続縄文時代の集落跡でありチャシ跡である。

見晴台のバス停から再び江別行きバスに乗車、第3中学校でおりると、左手に旧町村農場がある。1992(平成4)年に篠津地区に移転した農場跡地に住宅や牛舎、製酪室などを改修・保存したもので、酪農関係資料が展示されている。

旧町村農場前の4番通を東に3分ほどで3丁目通との交差点がある。ここを左折して400mほどで市営墓地のやすらぎ苑に着く。やすらぎ苑内にはいってすぐ右手の墓地区甲区奥に**樺太アイヌ慰霊碑**がある。1875(明治8)年の千島樺太交換条約によって, 最終的に対雁(現, 江別市工栄町)に強制移住させられ,

野幌と赤レンガ　　　　　　　　　　　　　　　　コラム

　寒冷積雪の気候である北海道には,「赤レンガ」と通称される北海道庁旧本庁舎(1888年建造)をはじめ, 旧サッポロビール麦芽工場(1889年建造), 旧手宮機関車庫(1885年建造)などのように, 古くからの赤レンガ建築物が各地に現存している。この赤レンガの主たる生産地が江別の野幌である。野幌を訪れてまず目にはいるのがレンガ工場の高い煙突であるが, 現在, 江別は道内唯一のレンガ生産地である。本道における赤レンガ生産の嚆矢は, 1860(万延元)年の亀田村(現, 函館市)金子煉化石製造所であるといわれるが, 1872(明治5)年の開拓使による茂辺地煉化石製造所(現, 上磯町)が実証されている最初という。

　その後, 札幌付近へ生産の中心が移り, 1898年ころから江別地域へかわったという。当地での生産は1891年の江別太煉化石工場が最初というが, 1898年に北海道炭礦鉄道株式会社野幌煉化製造所が久保組による請負いで経営がなされ, 当地での生産が盛んとなる。この久保組は, 劇作家であり演出家である久保栄の父久保兵太郎によって事業がおおいに拡大される。久保栄の小説『のぼり窯』(1952年)は「煉化場」と呼称されたその当時のレンガ工場のようすを描いたものであり, 父兵太郎と野幌煉化工場をモデルとしたものである。その後も野幌に, 明治期に館脇煉瓦工場, 大正期に岩田煉瓦工場および坪松煉瓦工場, 昭和期には前記の館脇・岩田煉瓦工場が合併し野幌煉瓦株式会社として操業している。現在も野幌・元野幌・角山地区などに煉瓦工場が操業を続け, 全国一の生産量をほこっている。

　そして1901(明治34)年創業という「煉化もち」など, レンガにまつわる商品も健在である。

その後なくなった樺太アイヌの人びとへの供養碑である。その右隣に樺太移住旧土人先祖之墓もある。

 4番通まで戻り，さらにそのまま南下，300mほどで3番通との交差点，左手に飛鳥山公園の広い敷地がみえてくる。左折して同公園内の北東角へ。テニスコート南側の小山に**史跡飛鳥山**(旧競馬場)の標柱があり，1917(大正6)年建立の江別兵村開村記念碑や江別屯田兵村来住者名簿がたつ。江別屯田兵村の公有地でもあった公園内を抜けて南側の2番通を渡った100mほどさきに**江別市郷土資料館**がある。資料館では**江別太遺跡出土品**や**元江別1遺跡土壙墓出土品**などに代表される江別の先史時代から近代の屯田兵や北越殖民社など，5つのテーマで歴史や文化財を展示公開している。

 資料館から3丁目通へでて，150mほど南の国道12号線を渡り，そのままさらに南に3分ほど歩く。左手にある江別小学校を左折するとすぐ，同小学校のレンガ壁の体育館と道路をはさんだ南側に，**火薬庫(屯田兵第3大隊本部跡)**がある。レンガ造りで，1934(昭和9)年，本部は失火で焼失したものの，この火薬庫は延焼からまぬがれ残った。

 江別小学校グランドを左手に3丁目通へでて，JR江別駅へむかう途中，駅前平和通の商店街を東に通り抜けると，右手に1919(大正8)年建築の**旧北陸銀行江別支店**がある。土蔵造り風の洋風建築で，現在は喫茶店として活用されている。ここで一息ついたあとJR江別駅からJRで野幌駅へ。JR野幌駅から北広島，南の里行きバスで駅の南側方面へ。道道野幌総合運動公園線を南へ2kmほど，道央自動車道の高架をくぐって道道江別恵庭線との合流点から右折，信号をこえるとすぐ左手に林がみえる。バス停**植民社**でおりると，**史跡千古園**。ここは，野幌原野(現，東・西野幌)の開拓をになった北越殖民社の創立者の1人，関矢孫左衛門の住居跡地を公園化したものである。ここから道道をさらに300mほどいくと，右手に野幌総合運動公園への入口がみえる。そこを右折し300mで，右手に**セラミックアートセンター**の大きなレンガの建物がある。なかにはれんが

資料展示室もあり、北海道の赤レンガについての資料そのほかが展示されている。

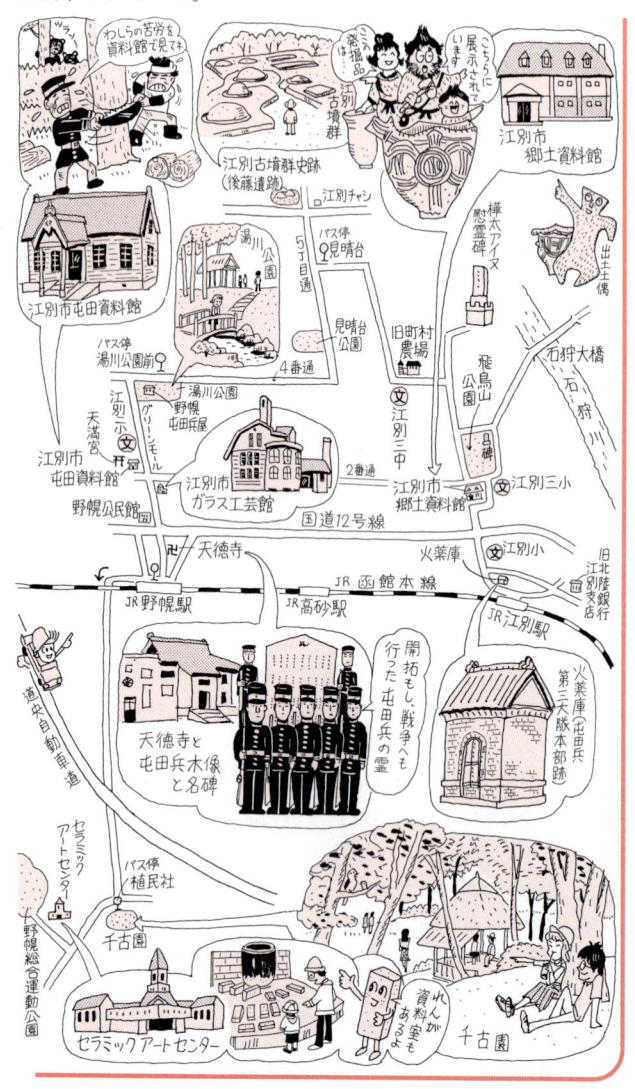

22 バターと稲作発祥地，札幌本道

北海道農業の柱でもある酪農，バター発祥の地から同じく北海道農業に大きな足跡を残したクラーク博士にかかわる寒冷地稲作発祥の地，島松など札幌本道に沿って歩いてみよう。

新札幌駅バスターミナル
↓20
♀上野幌中央公園
↓5
恵庭荘
↓2
旧出納邸
↓5
♀上野幌中央公園
↓25
♀柏葉台団地
↓10
♀島松ゴルフ場前
↓15
旧島松駅逓所
↓10
♀島松沢
↓5
♀茂漁（または♀恵庭市役所通）
↓25
JR恵庭駅
●約4時間●

　新札幌駅バスターミナルから柏葉台団地行きバスに乗車，上野幌中央公園で下車，50mほど戻ると右手前方に雪印種苗センターがある。1本目の交差点を右折してしばらく歩くと種苗センターの入口がある。見学は自由で，奥の庭園の方向に進んでいくと旧雪印スケートセンターの横から，雪印種苗の迎賓館として札幌市内から当地に移設した**恵庭荘**にはいることができる。きた道を戻り，入口から左にでると，左手の木立のなかに**旧出納邸**と雪印バターの誕生記念館，そしてサイロがみえてくる。旧出納邸は札幌の民間人ではじめてバターを製造した，義父宇都宮仙太郎とともにこの地で宇納牧場をはじめた出納陽一の旧邸宅である。そしてとなりの傾斜地にたっているのが，雪印乳業発祥の地でもある旧宇納牧場製酪所の仮工場（北海道製酪販売組合）で，アメリカで酪農の技術を学んだ佐藤　貢が1925（大正14）年にはじめてバターをつくった場所である。1981（昭和56）年に復元され，現在，雪印バターの誕生記念館となっている。なお宇納牧場は，1939（昭和14）年に**北海道酪農義塾**（現，酪農学園大学）の実習農場となって現在も北海道の酪農の発展に貢献している。

　サイロの横からでて右手に進み，もときた道を上野幌中央公

園バス停まで戻る。そこから、同じ系統のバスに乗って、終点柏葉台団地までいき、中央バス千歳ターミナル行きに乗りかえる。10分ほどで島松ゴルフ場前に着くので下車。国道36号線を横断し、バスの進行方向右手に坂をくだっていく。この旧国道跡が札幌と千歳を結び、苫小牧・室蘭を経て噴火湾をこえ函館までに至る**札幌本道**跡である。ゆっくり歩き15分ほど坂をくだると**旧島松駅逓所**がある。離任する札幌農学校教頭W・S・クラークが1877(明治10)年4月16日の教え子との別れにさいし、有名な「Boys, be ambitious」なる言葉を残した場所であり、クラークの記念碑がある。またこの地は、1871(明治4)年に当地に大阪(河内)から入植し駅逓の管理をまかされた**中山久蔵**が、道南をのぞいては困難視されていた稲作を、1873年に成功させた場所でもある。駅逓所右手に寒地稲作発祥の地記念の石碑と水田跡、付帯施設をみることができる。

　道なりに千歳方向に進み、島松沢のバス停から千歳ターミナル行きに乗ると、恵庭の市街地となる。茂漁(または恵庭市役所通)で下車する。ここは、蝦夷地探検で有名な**松浦武四郎**が1858(安政5)年に「蝦夷人の　いざりの里に　たなつもの　穂波よすとは　思いかけきや」とよんだ場所で、前年の夕張行きのさいに同行したアイヌの家で歓待をうけたときの歌である。畑があったようすがよみとれる。この辺り一帯の漁川流域は1883(明治16)年の太政官布達による北海道転籍移住者手続によって、山口県岩国地方の68戸358人がはじめて**北海道へ移住**し、恵庭の開拓の第1歩を記した場所である。漁川上流の牧場には現在もいくつかの牧場があり、道央自動車道の恵庭インターチェンジがおかれているが、1876(明治9)年にエドウィン・ダンの札幌転任を機に官営の漁村牧場が開かれた場所でもある。

　さて、下車して進行方向に歩くと(恵庭市役所通で下車すると漁川の方向で橋の手前)、漁川橋を渡ったところから左にくだる階段がある。それをおりると碁盤目状の道路に対して斜めに進む小路がある。恵庭は明治末から漁川上流より木材を伐り

だしたり木炭を生産したりと林業でも栄えた町だが，この小路は，恵庭ダム近くから牧場を経てJR恵庭駅まで木材を運んだ森林鉄道の跡である。小路に沿って恵庭小学校の南側をとおりJR恵庭駅手前まで歩くことができる。恵庭の駅前には札幌軟石でつくられたJAの倉庫がある。JR恵庭駅からJR札幌行きの電車でJR新札幌駅に戻れる。また，苫小牧方面行きの電車に乗り，南千歳で乗りかえれば20分前後で新千歳空港に着くこともできる。

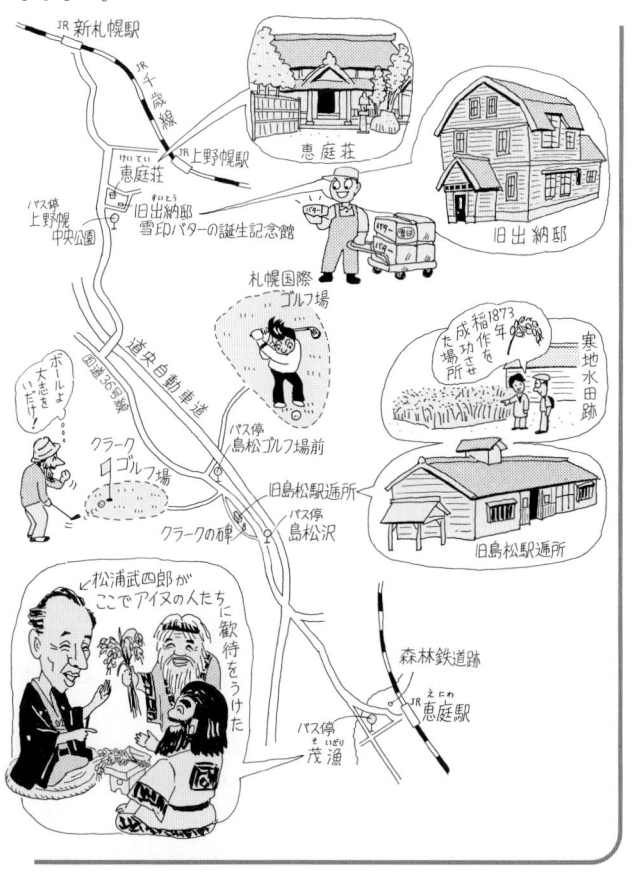

23 サケとハマナスのふるさと石狩

北海道の母なる川，石狩川(アイヌ語でイシカラ・ペッ)が日本海に流れこむ場所に開けた町が石狩市である。石狩市に伝わる文学・歴史を探訪してみよう。

Q札幌ターミナル
　（大通東１丁目）
　↓50
Q６線
15↓　↓↑２
　　　川の博物館
Q石狩
　↓15
はまなすの丘公園
・石狩灯台
・石狩川河口の碑
　↓10
無辜の民像
　↓10
石狩八幡神社
　↓２
石狩弁天社・
弁天歴史公園・
金龍寺・石狩尚古社
　↓２
石狩郷土資料室
開拓使石狩罐詰所跡
石狩番屋の湯
Q石狩温泉前
　↓60
Q札幌ターミナル
　●約６時間●

中央バス札幌ターミナル(大通東１丁目)８番乗場から石狩行きのバスに乗車，およそ50分，バス停６線で下車，徒歩２分のところに川の博物館がある。ここではみる・ふれる・遊ぶといった体験をとおして，生活に身近な川について楽しく学ぶことができる。

再び石狩行きのバスに乗っておよそ15分で終点石狩。案内標識にしたがい北西にむかっておよそ15分歩くと約180種におよぶ海浜植物が自生するはまなすの丘公園がある。ここは日本海と石狩川が交差する部分に形成された砂嘴であり，全長1500mにもおよぶ広大な公園である。はまなすの丘公園の入口には，1892(明治25)年に石狩川河口につくられた石狩灯台と石狩川河口の碑がある。はまなすの丘公園から左手にビジターセンター，右手に日本海をみながらおよそ１km，約10分で道内屈指の海水浴場である石狩浜海水浴場がみえてくる。その左手に北海道がうんだ世界的彫刻家本郷新の代表作の１つ無辜の民像がある。この像は，神奈川県の箱根彫刻の森美術館主催第２回現代国際彫刻展に出品されたものである。

ここから海にむかって左側に歩き１本目の道を左折すると，

10分ほどで左側に**石狩八幡神社**がみえてくる。この神社は，イシカリが幕府の直轄となったのちの1858(安政5)年に東西蝦夷地総鎮守として建立されたものである。八幡神社にむかって左側に歩くこと2分で整備された道路にぶつかる。これが**弁天歴史通**で，街路樹をさけてつくったために石狩川のように蛇行したユニークな町並みとなっている。そのなかほどのところに1694(元禄7)年に松前藩の山下伴右衛門によってイシカリ場所の主産物であるサケの豊漁と石狩に出入りする船の安全を祈願してたてられた，300年の歴史をほこる市内最古の建物**石狩弁天社**がある。弁天社から八幡神社にむかう右手に**金龍寺**という寺院があり，弁天社とともに石狩独特のチョウザメとカメの神様「妙鮫法亀」，通称サメ様がまつられており，たいへん特異な存在の神として異彩を放っている。

妙鮫法亀，通称サメ様によって石狩に大量のサケがもたらされ，そのサケ漁によって栄えたという石狩のシンボルとしてつくられたのが**弁天歴史公園**である。なお近くには金大亭をはじめとするサケ料理の専門店があり，本物の石狩鍋をはじめとするサケ料理を堪能することができる。金龍寺のななめむかいに，安政年間(1854～60)に旦那衆によってつくられ，昭和10年代まで続いた俳句結社**石狩尚古社**という，石狩の文化的レベルの高さを今に伝える私設資料館がある。尚古社から札幌方面へ徒歩2分，石狩温泉前バス停目の前にあるのが，1994(平成6)年，もと石狩町役場の本庁舎を利用して開設された**石狩市郷土資料室**である。ここには石狩川右岸河口橋の下流側に広がるワッカオイ遺跡から出土した続縄文・擦文時代の墳墓や住居跡の写真や土器などが展示されている。なかでもチョウザメの剝製やサケ皮製の靴であるケリなどは珍しいものである。この裏手の，石狩川側に日本で最初のサケ缶詰工場であった**開拓使石狩罐詰所跡**がある。郷土資料室のむかいには石狩市唯一の温泉，「石狩番屋の湯」がある。ここは石狩十三場所と称され，サケの漁場が設けられ番屋がたてられていたところで，当時をしのばせる番屋風のつくりとなっている。温泉で歩き疲れた体をいやし

たら，石狩温泉前から中央バス札幌ターミナル行きに乗り，札幌中心部まで戻ることにしよう。

2つのサメ様　　　　　　　　　　　　　　　コラム

　石狩弁天社には，1825(文政8)年に山田仁右衛門が奉納した妙鮫法亀大明神がまつられており，金龍寺には1889(明治22)年に古谷長兵衛によって奉納された妙鮫法亀善神がまつられている。これら2つの神様はサケ漁の神として代々石狩市の漁業者に厚く信仰されてきた。弁天社に伝わる伝説によると，江戸時代のある年の秋，石狩川河口に巨大なサメがあらわれ，河口に横たわりサケの遡上をとめたので，困った場所請負人たちが弁天社に神としてまつったら，サケの大豊漁となったとあり，豊漁と不漁の両面をもった神様ということができる。ここでいうサメとは初夏，産卵のために川をのぼるチョウザメのことである。

　石狩地方のアイヌの伝説では，天の川は石狩川が天に写ったもので，サケが遡上する季節に天の川の河口に横たわる黒い影がみえると，サケがあがらないといい，その場合は地上で清めの儀式を行って，黒い影を追い払ったそうである。おそらく黒い影とは，弁天社伝説にあるチョウザメのことだと考えられる。このようにしてみると，「サメ様」はアイヌと和人双方の文化が渾然となってうまれたものであると考えることが可能ではないだろうか。

石狩番屋の湯　　　　　　　　　　　　　　　コラム

　「石狩番屋の湯」の露天風呂からながめる日本海に沈む夕焼けは感動的である。泉質はナトリウム塩化物強塩泉で，神経痛・筋肉痛などに効果がある。番屋の湯に隣接して，宿泊施設の「番屋の宿」があり，さらに「番屋の地ビール館」も併設されており，風呂あがりにはつくりたての地ビールを味わうこともできる。

081　サケとハマナスのふるさと石狩

24 当別・月形，開拓の足跡

札幌の北東部に位置する当別町と月形町。当別は伊達士族の入植で，月形は樺戸集治監を中心に発展した地域である。JR学園都市線に乗って，開拓の足跡を訪ねてみよう。

JR札幌駅
↓43
JR石狩当別駅
↓11
当別伊達記念館・
伊達邸別館
↓9
当別町開拓郷土館
↓8
JR石狩当別駅
↓33
JR石狩月形駅
↓5
旧樺戸集治監本庁舎
樺戸博物館本館
↓9
北漸寺
↓13
JR石狩月形駅
↓90
JR札幌駅

○約5時間○

　JR札幌駅から学園都市線に乗る。桑園駅から函館線と分かれ，八軒・新琴似など屯田兵ゆかりの地域の駅をすぎ，やがて当別町へ。札幌から空知の沼田町までの鉄路はかつて札沼線とよばれたが，北海道教育大学札幌校や北海道医療大学へ近接し，さらに近年の人口増加で沿線地域がすっかり札幌都心への通勤圏と変貌し，学園都市線ともよばれるようになった。現在，空知の新十津川駅までの総延長76kmとなっている。

　当別町にはいってすぐのJR石狩太美駅におりると，伊達主従の当別開拓を描いた作品『石狩川』で有名な当別町出身の本庄陸男の文学碑を石狩川畔に訪ねることができる。

　JR札幌駅から43分ほどでJR石狩当別駅に到着。駅をでて左手にむかいパンケチュウベシナイ川に沿うように約900m，10分ほどいくと，橋を渡って阿蘇公園がある。当別町の北にある小高い418mの阿蘇岩山の名を冠したこの公園の一角には樹齢350年の開拓記念樹がある。そのちょうどむかい側に**当別伊達記念館・伊達邸別館**がある。記念館をでてすぐ左側に鳥居が目にはいるが，これは1896（明治29）年に創建された当別神社（旧阿蘇神社）で，当別開拓に尽力した伊達邦直が祭神となっている。

また国道337号線沿いにある当別町公民館の横に**当別町開拓郷土館**があり、開拓期からの当別町の発展のようすがよくわかるので足をのばしてみるのもよい。

JR石狩当別駅から再びJR学園都市線に乗る。月形町で樺戸集治監にまつわる施設や旧跡を訪ねてみよう。JR石狩月形駅で下車、案内表示にしたがって駅前の通りをいき、月形町役場前の通りにでて右におれ、しばらく歩く。駅から徒歩5分、役場のとなりに**旧樺戸集治監本庁舎**とその裏手に**樺戸博物館本館**がたちならぶ。旧本庁舎と博物館本館、および本館からつながる農業研修館とをあわせた建物の総称が月形樺戸博物館である。

1881(明治14)年に北海道最初の集治監として、当時の樺戸郡須倍都太（すべつぶと）に開庁したのが樺戸集治監である。現在残っている旧庁舎は1886年に建設されたもので、1919(大正8)年に廃監されるまでは集治監の本庁舎として、その後1972(昭和47)年まで月形町役場として使用され、1995(平成7)年までは北海道行刑資料館として公開されていた。翌1996年に旧本庁舎の裏側にたてられたのが樺戸博物館本館で、旧本庁舎で受付けをすませて見学したのち、地下通路をとおって本館にいくことができるようになっている。

1879年、内務卿（ないむきょう）伊藤博文（ひろぶみ）による北海道での徒流刑地としての集治監建設という主張をうけ、開拓長官黒田清隆（くろだきよたか）が推薦した3つの候補地を内務省御用掛（ごようがかりつき）月形潔（きよし）が調査し、その結果もっとも適した樺戸に集治監が開設された。なお月形町の町名は、この月形の姓をとってつけられたものである。囚人のなかには、自由民権運動や不平士族（たいか）の反乱で逮捕された国事犯も含まれ、多いときで2000人をこえる囚人が収容されていた。しかし周辺の開墾（かいこん）や道路建設などのきびしい労役により、多くの囚人が病死・事故死し、また脱走を企てるものも少なくなかった。

樺戸集治監39年間の歴史と囚人たちのきびしい生活や過酷な強制労働にまつわる旧跡は、JR学園都市線と平行して走る国道275号線沿いにもいくつかみられる。JR石狩月形駅のとなりのJR知来乙（ちらいおつ）駅から東に1.2kmのところにある**篠津山（しのつやま）囚人墓地**

には，開監から廃監までの39年間に病死あるいは事故死し，肉親に引きとられなかった1022人が無縁仏として眠っている。

樺戸集治監からさらに南へ進む。JR石狩月形駅の南方1kmに位置する北漸寺(ほくぜんじ)は，1906(明治39)年に囚人たちによって建立され，集治監初代の教誨師(きょうかいし)鴻 春倪(しおおとりしゅんげい)が初代住職をつとめた寺である。さらに月形小学校のとなりに位置する円福寺(えんぷくじ)も囚人たちの手による建立である。

このほかにも，旧石狩川沿いの監獄波止場跡(かんごくはとば)や，皆楽公園(かいらく)近くに，放免された囚人が対岸で見送る看守たちを振り返り，木がみえなくなるまで手をふったという，見返りのニレの巨木跡など，集治監に関係する旧跡が町内に点在している。

第Ⅱ部

札幌・小樽散歩事典

札幌雪まつり(上)冬の小樽運河(下)

秋野総本店薬局・蔵

商場知行制 ▶コース⑳

　江戸時代、蝦夷地で松前藩が行った独特の知行形態。農業が主要産業にならない蝦夷地において、松前藩は幕府から対アイヌ交易の独占権を保証されたが、藩内ではとくに上級家臣を中心に、商場とよばれる特定の地点でのアイヌとの交易権を知行（家臣の給料）としてあたえた。家臣はあたえられた商場に年に1～2回商船を送り、そこのアイヌと交易して生産物を松前城下で本州商人に売却し、利益を収入としていた。

秋野総本店薬局・蔵　➡札幌市中央区南1条西1-12　▶コース②
➡地下鉄大通駅下車4分

　1872(明治5)年石川県人の増田トキが札幌に移り、薬店を開業した。火災により店舗が焼失したため、1901年に切妻屋根に石造りの蔵と、土蔵造りの店舗をそなえた現在の秋野総本店薬局をたてた。この建物は防火対策をねらいに東と南を石蔵と土蔵で囲んでいる。建物正面にみられるナマコ壁のデザインは北海道では珍しいものである。

浅草観音寺聖観音立像　➡小樽市富岡1-19-21　▶コース⑯
➡JR小樽駅下車10分

　平安時代前期の作と思われ、康尚様式(10世紀後半に京都・滋賀周辺で普及したスタイル)によってつくられている。サクラ材による一木造りで、顔や胴体などに約1000年前の姿をよく残したおだやかな表情の像である。浅草観音寺(天台宗)は1897

浅草観音寺

聖観音立像

(明治30)年に京都の聖護院にあった有門院を移転する形でつくられ、この像はそのときに移されたといわれる。拝観は事前連絡が必要。市指定有形文化財。

浅野次郎右衛門　1864〜1938年　▶コース③

富山県出身の土木請負師。生家の漁師の跡継ぎをきらい19歳で故郷をでる。江差で裁判所工事にたずさわり、大工の伊藤亀太郎を知り、それが縁で土木業を営むようになる。1899(明治32)年札幌にでる。工事が完成するまで現場に泊まりこむなど、その熱心さで業界の信用を得る。おもな請負いに天塩・名寄間の開拓道路、札幌・岩見沢間の鉄道複線化などがある。

旭山記念公園
○札幌市中央区界川4丁目
○地下鉄東西線円山公園駅市バス旭山公園線旭山公園前下車すぐ　▶コース⑧

円山と藻岩山との中間にある標高137.5mの小高い丘に、札幌市創建100年を記念して1970(昭和45)年に造成された公園。市の中心部を一望でき、夜景も美しい。20.8haの広さに、芝生や森の緑があふれ、市民の憩いの場となっている。

有島武郎旧邸　▶コース⑩

○札幌市南区芸術の森2-75(芸術の森内)
○地下鉄南北線真駒内駅中央バス空沼線・滝野線芸術の森入口下車3分

日本近代文学の代表的作家有島武郎(1878〜1923)は札幌農学校学生時代と東北帝国大学農科大学(札幌農学校昇格改称、現、

北海道大学)の教授時代あわせて12年間を札幌ですごし,「我が真正命生れし故郷ハ実ニ札幌なりき」と記したほど,札幌の地を愛したといわれる。有島武郎旧邸は武郎がみずからデザインにかかわったといわれ,大正時代以降流行したマンサード屋根(腰折れ屋根)をもったモダンな洋風住宅の先駆けとなった建物で,1913(大正2)年に建設された。木造2階建て,建築面積165.1㎡,延べ床面積259.7㎡の邸内には,有島家の人びとの写真や原稿,著作など有島文学に関する資料が数多く展示されている。

あんパン道路　　➡札幌市豊平区
　　　　　　　　　➡地下鉄東豊線月寒中央駅下車すぐ　　▶コース⑨

　1910(明治43)年,豊平町役場が月寒村に移転されると,同町を構成する平岸村から町役場へいくことが大変不便になり,平岸村の村会で月寒と平岸を結ぶ連絡道路の建設が決議された。道路開削には湿地の埋め立てや丘陵地の切り割りなどの難工事が伴い,住民とともに月寒歩兵25連隊の兵員が約7500人動員された。1911年,わずか4カ月で全長2.6kmの道路が完成したが,工事に動員された兵士に毎日5個の「月寒あんパン」を間食として配布したので,あんパン道路の呼び名がついた。現在も月寒あんパンは販売されている。

石狩市郷土資料室　➡石狩市親船町65
　　　　　　　　　　➡中央バス札幌ターミナル　　　　　▶コース㉓
　　　　　　　　　　　石狩行石狩温泉下車すぐ

　元石狩町役場本庁舎に1994(平成6)年設置された。ここには市内国道231号線沿いの志美遺跡群,花川南の紅葉山33号遺跡,八幡町の若生遺跡などからの縄文時代前期～擦文化期にかけての出土品が展示されている。なお紅葉山49号遺跡からは2000(平成12)年に国内最古で最大のサケ捕獲遺構魞が,翌年には舟形容器や丸木船舳先・櫂など約4000年前の遺物が出土している。また,石狩川の主と伝えられるチョウザメの剝製(市指定文化財)や,日本最初の西洋式缶詰工場でつくられた鮭缶なども展示されている。

石狩 尚古社(いしかりしょうこしゃ)
- 石狩市本町3
- 中央バス札幌ターミナル石狩行
  石狩温泉下車3分

▶コース㉓

　石狩の文化的レベルの高さを今に伝える私設資料館で，来場者があるときのみ開館。ここは，サケ漁にわいた明治から昭和初期にかけて繁盛した中島呉服店の跡地につくられたもので，当時の社主らは1856(安政3)年に俳句結社石狩尚古社を結成して全国各地と交流するとともに，中島家に多くの俳句資料と収集した書画などを残した。資料館には膨大な俳諧(はいかい)資料を中心に，中島家3代にわたって収集された吉田松陰(しょういん)・西郷隆盛・木戸孝允(たかよし)など，幕末維新(いしん)期の代表的人物の書幅(しょふく)(書の掛軸(かけじく))が展示されている。また，秩父(ちちぶ)事件の指導者で，明治前期の自由民権家井上伝蔵(いのうえでんぞう)が伊藤房次郎と名をかえて石狩に約23年間居住しているあいだに句会の会員として参加し，直筆ではないが，伝蔵の詠(よ)んだ俳句が残されている。

イシカリ場所改革(ばしょかいかく)

▶コース⑥

　石狩川河口から流域にかけて設けられた商場(あきないば)(場所)の存在は，1669(寛文(かんぶん)9)年のシャクシャイン蜂起(ほうき)について記された『津軽(つがる)一統志(いっとうし)』などにもみられ，天明(てんめい)(1781〜89)ころには藩主の直轄(ちょっかつ)場所と家臣の知行地13カ所を「イシカリ十三場所」と総称していたようである。開国を機に幕府(ばくふ)は1855(安政(あんせい)2)年に蝦夷地(ぞち)を上知し，箱館奉行(はこだてぶぎょう)の管轄(かんかつ)下においた。そして1858年にはイシカリ場所の場所請負(うけおい)制を廃して，場所経営を幕府による直営(直捌(じきさばき))とし，移民の定住，アイヌ撫育などを促進しようとした。これが「イシカリ改革」とよばれる政策である。直捌を実施した背景には，イシカリ場所の請負商人阿部屋(あぶや)村山伝兵衛(でんべえ)による過酷(かこく)なアイヌ使役(しえき)があげられるが，一方で，ロシアの樺太(から ふと)進出への対抗上，樺太西海岸での直捌経営を行うための前進基地と財源確保のために，幕府がイシカリ場所の直轄を行う必要があったことも指摘されている。

石狩八幡神社(いしかりはちまんじんじゃ)

🔴石狩市弁天町1
🔴中央バス札幌ターミナル石狩行
終点下車5分

▶コース㉓

 イシカリが幕府の直轄となったのちの1858(安政5)年、箱館八幡宮の神主(現、北海道神宮初代神主)菊地重賢が創建。ロシアの南下にそなえて「東西蝦夷地総鎮守といたし立祠造営」と箱館奉行に願いでて勧請した。当初は川むかいの八幡町にまつられたが、その後本町地区への中心街の移動に伴い、1874(明治7)年に、当時弁天社があった現在地(弁天町)へ移設された。それに伴い弁天社は村山家所有地の現在地へ移設された。境内にある1813(文化10)年奉納の石鳥居や1789(寛政元)年奉納の手水鉢は弁天社旧蔵品である。石狩川は、川名の語源(イシカラ・ペッ～曲がりくねって流れる川)にもなった蛇行のため、融雪時豪雨のたびに氾濫、洪水を繰り返し、そのため1910(明治43)年から治水工事がはじめられた。蛇行部分のショートカットによる切替え工事の最初が市内生振地区で、生振4線北の堤防上には石狩川治水発祥の碑がある。1918(大正7)年着工、1931(昭和6)年に通水したが、1922(大正11)年に工事の安全祈願のため生振右岸に香取神社がまつられ、1925年には工事でなくなった人びとの慰霊のため治水殉職碑も建立された。この碑は、1965(昭和40)年に石狩治水事務所が石狩川開発建設部に改称された際、当境内に移設された。

石狩弁天社(いしかりべんてんしゃ)

🔴石狩市弁天町18
🔴中央バス札幌ターミナル石狩行
終点下車5分

▶コース㉓

 創立1694(元禄7)年。社殿は松前藩からイシカリに派遣された山下伴右衛門により、サケの豊漁を祈願して建立された市内最古の建物。代々の石狩場所請負人などによって信仰され、かつては現在の八幡神社の場所に河口をむいてたっていたが、八幡神社移転の際に現在地に移転した。主神は海と川の神、弁天様であるが、石狩川の主チョウザメを神格化した「妙鮫法亀」、通称サメ様と稲荷大明神などもまつられる。なお幕末に

石狩弁天社

イシカリ場所に関係する商人が財神として奉納した「関羽正装図」のほか,「加藤清正虎退治図」があり,当時の蝦夷地の特異な文化環境をさぐるものとして注目を集めている。弁天社は1816(文化13)年に再建され,1848(嘉永元)年修築,1874(明治7)年に現在地に移設,1950(昭和25)年には一部が修理された。1814(文化11)年に場所関係者によって寄贈された鰐口,「弘化二(1845)年」ときざまれる手水鉢1対,1829(文政12)年建立の灯籠などが境内にある。社殿は石狩市文化財第1号。

石川啄木　1886～1912年　▶コース⑥⑯⑲

岩手県生まれの歌人・詩人・評論家。啄木の小樽滞在はわずか数カ月である。『小樽日報』の記者となって来樽した啄木は花園町に住んでいた。小樽公園には「こころよく　我にはたらく仕事あれ　それを仕遂げて　死なむと思う」,水天宮境内には「かなしきは　小樽の町よ　歌うことなき人の　聲の荒さよ」という歌碑がある。

石川啄木居住の地　▶コース⑯⑲

→小樽市花園3−9−20

→JR小樽駅下車15分,または中央バス小樽市内線,望洋台線,朝里川温泉線,奥沢線,花園公園通下車1分

現在は飲食店「た志満」となっているが,今も店内には啄木が住んだ部屋の床柱が残っている。啄木は1907(明治40)年10月に当時この地にあった南部煎餅屋西沢善太郎方2階に間借り

宮の沢白い恋人サッカー場　　　　　　　　石山望豊台の碑

して，翌年1月に小樽を去るまで新聞記者として小樽日報社に勤務していた。

イシヤチョコレート
ファクトリー
　●札幌市西区宮の沢2条2丁目
　●地下鉄東西線宮の沢駅下車8分，または中央バス小樽方面行西町北20丁目下車5分
▶コース⑫

　製菓会社のチョコレート工場だが，チョコレートの博物館として，工場見学のほかにチョコレートに関する歴史やコレクションの展示・公開がなされ，菓子づくりの体験もできる。また1911(明治44)年に醸造店舗として建築されたフレンチルネッサンス風の建物を中央区から移築・復元し，ショッピング&レストランゾーンとして利用している。隣接して，天然芝にヒーティングをしているコンサドーレ札幌の専用練習場「宮の沢白い恋人サッカー場」がある。

石山軟石採掘
場跡(石山緑地)
　●札幌市南区石山78
　●地下鉄南北線真駒内駅中央バス空沼線・滝野線石山東3丁目下車3分
▶コース⑩

　1875(明治8)年に発見されたいわゆる札幌軟石は，開拓使により洋風建築の資材として注目され，コンクリートが普及する大正期までのあいだ，採掘が盛んに行われた。現在採掘場跡は石山緑地の南ブロックとして整備され，周辺はエントランスゾーン，沈黙の森，ネガティブマウンド，午後の丘の4つのゾーンに分けられ，さまざまなオブジェがおかれるなど，公園化さ

遺跡保存庭園（いせきほぞんていえん）
- 札幌市北区北18条西11丁目（北大構内）
- 地下鉄南北線北18条駅下車15分

▶コース①

1952(昭和27)年に北海道大学敷地内で児玉教授を代表とする調査団により古代住居跡の大規模な測量調査が行われた。その結果83軒の竪穴住居跡が発見され，そのうち7軒の詳しい調査のなかで，土師器，たたき石，礫などの数点が発掘された。埋蔵文化財を調査する組織が1980年に結成され，継続調査によりこれらの竪穴住居跡が擦文文化期(奈良・平安時代前後)の集落遺跡と判明した。竪穴住居跡の一部は，1982年に周辺を整備し，遺跡保存庭園として一般にも公開された。2万4000㎡におよぶ保存庭園には，深さ50cm，直径5～8mの窪みが30カ所ほどあり，竪穴住居の集落をうかがい知ることができる。

猪股邸（いのまたてい）
- 小樽市住吉町4－9
- JR南小樽駅下車3分

▶コース⑲

三本木急坂から少し奥まったところに，中国風意匠の石造りの門がみえる。この門のデザインは当主の中国旅行のスケッチをもとにしているという。石は小樽，天狗山のもの。1906(明治39)年にたてられた。市歴史的建造物。邸宅内部は未公開。

伊夜日子神社（いやひこじんじゃ）
- 札幌市中央区中島公園1－8
- 地下鉄南北線幌平橋駅下車3分

▶コース③

新潟県からの移住者が中心となり，1912(明治45)年弥彦大神の分霊を奉戴し，南7条西1丁目に仮殿を創設，社号を伊夜日子神社と称した。1918(大正7)年社殿が現在地に新設され，1922年村社，1938(昭和13)年郷社となった。1970年太宰府天満宮の分霊を奉戴した。

色内大通（いろないおおどおり）
- 小樽市色内1丁目
- JR小樽駅下車10分

▶コース⑯

色内大通には近代建築物の生きた博物館といわれる小樽でも名だたる建築物がならんでいる。第二次世界大戦中に憲兵隊本部として使用された北海道紙商事(旧第四十七銀行小樽支店)，日本陸軍総司令部の将校クラブとなり戦後は米軍に接収された

岩村通俊之像　　　　　　　　　　　　　エドウィン・ダン記念館

小樽グランドホテルクラシック(旧越中屋ホテル)，5連のアーチの石積み外壁と軒を飾る繊細な彫刻が美しい三井住友銀行小樽支店(旧三井銀行小樽支店)など，モダンなもの，重厚なもの，意匠をこらし贅をつくしたものと豪華絢爛である。

岩村通俊之像　❺札幌市中央区宮ヶ丘3
❺地下鉄東西線円山公園駅下車15分　　▶コース⑦

1870(明治3)年に開拓判官となり，帰京後1886年に北海道庁の初代長官として再び北海道の開発に尽力した岩村通俊の銅像。岩村判官は入植した明治3年が庚午の年にあたることから，当時「庚午三の村」とよばれていた地区を円山と改名したとされる。もともと1933(昭和8)年に大通西11丁目にたてられたが，戦時中の金属供出によって解体された。この像は2代目にあたり，1967年に北海道開拓100年記念としてつくられた。彫刻家佐藤忠良の製作で，題字は当時の北海道知事町村金五である。

海猫屋　❺小樽市色内2-2-14
❺JR小樽駅下車10分　　▶コース⑯

1906(明治39)年建築の旧磯野商店倉庫。この店は村松友視の小説『海猫屋の客』でその名を広く知られるようになった。当時小樽でも有数の商人だった磯野進は，この一角に店舗や倉庫をもち，佐渡味噌や米穀・縄むしろの販売を行った。1927(昭和2)年に小作争議がおこり，富良野の小作代表17人が不在地主磯野の住む小樽の家に押しかけた。小樽商業会議所の会頭をつとめていた磯野は，争議の拡大と盛りあがりについにおれ，要求を全面的にうけいれた。小林多喜二はこの争議に取材して，

江別古墳群

小説『不在地主』を書いている。

| エドウィン・
ダン記念館 | ○札幌市南区真駒内泉町1
　（真駒内中央公園内）
○地下鉄南北線真駒内駅下車10分 | ▶コース⑩ |

　1876(明治9)年，北海道の畜産業育成のために来日したアメリカ人エドウィン・ダン(1848～1931)は札幌に着任すると真駒内の地で牧牛場建設に着手し，翌年100ha余の飼料畑をもつ真駒内牧牛場を発足させた。1886年真駒内種畜場，1893年北海道庁種畜場となり，その後も改称されるなどしたが，1946(昭和21)年に駐留したアメリカ軍に没収されるまでの約70年間，多くの技術者を養成し，名実ともに北海道畜産の普及と改良の基礎を築いた。1880(明治13)年に建設された真駒内種畜場庁舎の旧事務所が現在地に移築・保存されていたものを1969(昭和44)年に記念館として開館した。館内にはダンの生涯と事績を描いた画家一木万寿三の絵画を中心に，開拓初期の写真，旧種畜場の模型などが展示されている。また中央公園内のエドウィン・ダン銅像は，彫刻家峯孝の制作で1964(昭和39)年にたてられた。

| 江別古墳群
（後藤遺跡） | ○江別市元江別858－1
○JR野幌駅中央バス江別
　4番通線見晴台下車4分 | ▶コース㉑ |

　この古墳群は世田豊平川(旧豊平川)河畔の段丘上にあり，1931(昭和6)年に後藤寿一によって発見調査されたため後藤遺跡ともよばれ，毛抜形刀，蕨手刀，刀子，勾玉，耳環などが出

土したという。1980年の北海道縦貫自動車道建設計画による新道工事に伴う再発掘調査の際，21基の墳丘が再発見され，その後の道路敷設に伴い18基が保存となった。その際，古墳群の復元がなされた。それらは周溝で大型(径8～10m)，中型(5～7m)，小型(5m以下)に分けられ，高さは1m以上で最多は中型のものという。そして周溝中からは土師器，須恵器といった土器や鉄鏃，鋤先，土製紡錘車などが出土している。現在は高さ0.3～1m程度の土饅頭のような形になっていて，古墳は想像されるにすぎない。北海道式古墳とよばれる遺跡は東北地方に分布する末期古墳に似て，さらに河川交通との関わりによるためなのか，道南ではなく，道央の江別と恵庭のみで発見されている。

　江別古墳群は，出土土師器の形式や蕨手刀から，擦文文化期前半の8世紀後半～9世紀前半と考えられ，被葬者も六国史などでの蝦夷征討にかかわる，いわゆる「大和政権の東北経営政策を背景とした北方情勢の変化の中で，続縄文文化から擦文文化への移行を実現した共同体を構成する集団，またはその首長的階層と推定され」(江別市郷土資料館編「江別古墳群」)るという。なお当遺跡周辺には続縄文文化期の墳墓群が発見された元江別1遺跡のほか，元江別10・2・11遺跡が，また後藤遺跡東側の段丘面には続縄文文化期の集落跡の旧豊平河畔遺跡，より南には元江別5遺跡などがあり，元江別遺跡群ともよばれる。

江別市ガラス工芸館(旧石田邸)

➲江別市野幌代々木町53
➲JR野幌駅下車7分

▶コース㉑

　1945(昭和20)年ごろに北海道煉瓦社長であった石田惣喜知の邸宅が，道路改修のために移設・改修され，1994(平成6)年4月に現在地にガラス工芸館として開館した。1943(昭和18)年ころの建築という。館内にはガラス工房などもあるが，10万個のレンガを使った，3階建ての将棋の駒の形をしたマンサード屋根をもつ建物自体がみごたえがある。

江別市ガラス工芸館

江別市郷土資料館

江別市郷土資料館

- 江別市緑町西1－38
- JR江別駅下車15分，または中央バス野幌駅前行青年センター前下車1分

▶コース㉑

館内は6つのコーナーからなる。江別を概観する「ふるさと江別」，江別出土の縄文文化期から続縄文文化期，擦文文化期の400個以上の土器やとくに江別太遺跡などに代表される江別文化や北海道式古墳について紹介する「大昔の江別」，屯田兵や北越殖民社により開拓された明治期の「開拓の始まり」，その後の「町の発展」，そして江別の農水産業，酪農，野幌煉瓦で有名な窯業，そのほかの産業を紹介する「産業の歴史」の5つと，「チョウの世界」というチョウの展示コーナーである。

江別市屯田資料館（江別市郷土資料館分館）　▶コース㉑

- 江別市野幌代々木町38－11
- JR野幌駅下車12分，または中央バス江別2番通線第2中学校前下車2分

野幌兵村の中隊本部として現錦山天満宮の境内にたてられた第2中隊本部（道文化財）が，江別市屯田資料館（江別市郷土資料館分館）となっている。野幌への屯田は1885(明治18)年の第1次入地後，野幌屯田第1大隊第4中隊として編成されたが，第2次入地後の1887年に野幌屯田第2中隊として再編成された。この建物は1884年建設といわれ，野幌兵村のほぼ中央部，現在錦山天満宮の社殿のある場所に創建され，1913(大正2)年江別

野幌屯田兵第2中隊本部

第2小学校側に，さらに1994(平成6)年元の位置に近い現在地に移設・復元された。野幌兵村も給与地と番外地である公共用地，そして追給地からなり，兵村中央部の番外地に練兵場，中隊本部，桑園(養蚕室)や官舎があった。

この建物は現存する屯田兵機関の遺構としては道内最古といわれる洋風木造建築で，バルーン・フレームとよばれる開拓使以来のアメリカ風の建築手法による。館内は中隊長室や下士事務室・軍医室などに分かれ，ジオラマなどが展示されている。また大隊本部付属であった被服庫も修復されて，資料館裏手に移設されている。なお，国道12号線は当時の1番通であり，現在の2番通～4番通という通り名も兵村の遺構といえる。1958(昭和33年)，北海道指定有形文化財となった。

江別太遺跡 出土品　　　　　　　　　　　　▶コース㉑

江別太遺跡は，1978(昭和53)年6月の道央自動車道に伴う工事で発見され，同年2度の発掘調査によって明らかにされた縄文時代晩期末～続縄文時代前期にかけての遺跡で，石狩川との合流地点から約3km上流の千歳川右岸にある。土器や石器のほかにナイフの柄や斧の柄などの木器や木製品，骨角器，オニグルミ・クリ・トチノキなどの種子など，4万7896点の遺物が出土した。そしてこれらのうち，続縄文時代中頃(3～4世紀)の江別式土器・江別A式とよばれる深鉢形土器や柄付篦状石器(柄に装着された状態での石ナイフ)，銛やサケのたたき棒としての棍棒，鹿角 簪や琥珀玉の装身具など59点は1993(平成5)

年国指定重要文化財となった。これらの出土品は江別市郷土資料館に展示されている。

遠友夜学校記念室　　　　　　　　　　　　　　▶コース⑤

●札幌市中央区南4条東4丁目(札幌市中央勤労青少年ホーム内)
●地下鉄東西線バスセンター前駅下車5分

　遠友夜学校は，札幌農学校(現，北海道大学)の2期生である新渡戸稲造が母校の教授をつとめる傍ら，私財を投じて1894(明治27)年に創設した夜間学校。アメリカ人女性P.エルキントンと結婚した新渡戸が夫人(日本名：萬里子)のもとへとどけられた遺産をもとに開校。開校から1944(昭和19)年までの50年間にわたり，家庭の事情で学校へかよえなかった青少年に無料で開放された。学問に対する姿勢としてつぎの3つが掲げられた。
1．友あり遠方より来たる，また楽しからずや。(心を通じあえる友人との出会いが大切である)
2．学問より実行。(書物を読み，講義を聞くだけが学問ではない。本当の学問は実行してはじめて身につく)
3．With malice toward none, with charity for all.
　(何人にも悪意をいだかず，すべての人に慈悲の心をもて)
　第1展示室では夜学校の歴史や新渡戸の夢などを，教壇や机がならぶ教室を再現した第2展示室では当時の先生や生徒，学校生活の様子などを知ることができる。なお，夜学校の先生の多くは札幌農学校の大学生有志による奉仕だったため，法的には教師としての資格を有していなかった。そのため，最後まで正式な教育機関とは認められず卒業生も無資格であった。しかし，男女の区別がうるさく義務教育制度も現在のように確立されていなかった時代に，授業料が無料で，男女共学であったことは時代を先取りした有意義なものであったといえよう。入口には山内壯夫制作による新渡戸夫妻の顕彰碑がある。

大川遺跡　　　　　　　　　　　　　　　　　　▶コース⑳

●余市郡余市町大川町1丁目
●JR余市駅中央バス梅川車庫行余市町役場前下車7分

大倉山ジャンプ競技場

余市川改修事業の一環である道道豊丘余市停車場線の新大川橋建設に際し、周辺の発掘によりあきらかになった遺跡。縄文晩期から続縄文期、さらには擦文期から中世・近世とほぼ全時代をつうじての遺構・遺物が多数発見され、その数は100万点をこえる。なかでも特筆すべき事項に、北東アジアとの交流を示す遺物の出土があげられる。たとえば、7世紀前後の土師器を伴う墓壙から出土した耳飾りと推測される青銅製の小さな鈴については、北方の匈奴や鮮卑・高句麗の遺跡からも同様なものが出土しており、10世紀前後の竪穴住居跡付近から出土した黒色土器は渤海末期ないしは遼・女真期の大陸の土器と酷似しているという。さらにロシア沿岸地方原産とみられる環状錫製品も出土するなど、この地と北東アジア地域との交流が推察される。

大倉山ジャンプ競技場　　　　　　　▶コース⑧

- 札幌市中央区宮の森1274
- 地下鉄東西線円山公園駅市営バス大倉山競技場入口下車15分

明治末にスキーが伝えられた札幌では、スキージャンプが盛んに行われていた。「札幌周辺に国際水準のジャンプ台を建設したい」という秩父宮殿下の発案に、北大医学部教授の大野精七や大倉財閥の大倉喜七郎が賛同し、ノルウェーのヘルセット中尉の設計により、1931(昭和6)年に60m級ジャンプ台が完成した。大倉財閥が5万円の工費をかけて建設し、札幌市に寄贈したことから、ジャンプ台のある山を「大倉山」とよぶよう

大通公園の彫刻　ホーレス・ケプロン(左)と黒田清隆。

大友亀太郎像

になった。ジャンプ台の麓(ふもと)の観客席側には大野精七の記念碑が, リフト乗り場の傍(かたわ)らには大倉喜七郎の記念碑が, それぞれジャンプ台をみまもるようにたっている。競技場内には札幌ウィンタースポーツミュージアムがあり, ウィンタースポーツに関する歴史的資料の展示のほか, ジャンプシミュレーターによるジャンプの擬(ぎ)似体験やフィギュアスケートのスピン体験など, さまざまなウィンタースポーツを体感できる。

大通公園(おおどおりこうえん)　◯札幌市中央区大通西1〜12丁目
◯地下鉄大通駅下車すぐ　　　　　　　　▶コース②

　札幌の街を南北に分ける大通公園は, 市民の憩(いこ)いの場所である。1871(明治4)年, 中心部を北の官庁街と南の住宅・商業街とを分ける防火帯として設けられたもので, 長岡安平(ながおかやすへい)の整備計画のもと, 公園としての体裁が整えられたのは1909年のことである。大通西1丁目から西13丁目まで延長約1.5kmにおよぶ公園内には数多くの文学碑や彫刻が配置されている。

　西2丁目に花の母子像, ベンソンの水飲み, 開拓母の像, 西3丁目には牧童の像, 湖風の像, 石川啄木碑と歌碑, 彫刻家本郷新(ごうしん)の泉の像, 西4丁目は吉井勇(いさむ)歌碑, 西5丁目聖恩碑, 西6丁目開拓記念碑, 奉仕の道, 西7丁目漁民の像に集団帰国記念碑, 西8丁目にはイサム・ノグチ作の滑(すべ)り台, 西9丁目有島(ありしま)武郎(たけお)文学碑, 西10丁目には薩摩(さつま)藩出身で開拓長官をつとめた黒田清隆(きよたか)とアメリカの農務長官の要職にあったホーレス・ケプロンの2人の開拓功労者の像, 西11丁目には姉妹都市ミュンヘンから贈られた「5月の木」を意味する高さ23mのマイバウム,

そして西12丁目は若い女の像がある。

大友亀太郎　　　1834～97年　　　▶コース⑥

相模国足柄下郡西大友村(現，神奈川県小田原市)の農家に生まれ，二宮尊徳門下で報徳思想，開墾事業を学んだ。1858(安政5)年，尊徳門人の渡道に伴い，木古内・大野の御手作場開墾に従事した。ここでの業績をみこまれ，1866(慶応2)年，箱館奉行よりイシカリ地域開墾の差配を命じられ，イシカリ御手作場開墾に着手した。新政府成立後は箱館裁判所附属として御手作場経営にあたったが，1869(明治2)年石狩郡を管轄した兵部省に出仕し，会津降伏人移住を目的としたトウベツ開墾にたずさわった。この事業は翌年中止となり，残務処理後開拓使への出仕を辞して，この年北海道を離れた。その後は各地の官吏をへて，1874年に帰郷，戸長や神奈川県会議員などを歴任した。

大友堀　　　▶コース⑥

大友亀太郎を中心に経営された御手作場開発の用水供給・排水のために掘られた水路で水運にも使われた。かつての御手作場の地域を流れていた水路は，大正のころにはすでに埋められてしまい，その流路を完全に復元することは困難になっている。ただ，古地図や部分的な発掘の成果によれば，今日の札幌中心部に多かった豊平川の支流から取水し，南3条からほぼ現在の創成川の流路を北流，北6条付近から北東に転じて元村街道のやや北側を街道にほぼ並行して流れ，東区役所の東側で南東におれ，大覚寺の辺りから街道沿いを流れたのち，大友公園で伏籠川と合流していたようである。

忍路環状列石
➡小樽市忍路2-118-3
➡JR小樽駅中央バス梅川車庫行　　　▶コース⑳
忍路小学校前下車10分

約3500年前の縄文後期の代表的な環状列石遺跡。三笠山とよばれる小高い丘の麓に位置し，その形態は，直径が南北約33m，東西約22mの楕円形で，2～3mの幅で高さ10～20cmの小

小樽運河

小樽オルゴール堂

石を環状に重ねおき、その内側に高さ100〜200cmの安山岩(あんざんがん)が配置されている。その存在は、すでに1861(文久元)年には知られていたが、明治10年代にはいり本格的な調査が行われ広く世に知られた。北側に隣接する同時代の忍路土場(どば)遺跡からは、発掘調査により巨大木柱が発見されており、環状列石と関連する祭祀(さいし)的な遺物と考えられている。国指定史跡。

小樽運河(おたるうんが)
- 小樽市色内(いろない)1・2・3丁目
- JR小樽駅下車15分、または中央バスおたる散策バス博物館前下車すぐ

▶コース⑰

入港した船の荷物をさばくため、1914(大正3)年着工、1923年に完成。その後、搬入(はんにゅう)形式の変化や第二次世界大戦後の高度成長、エネルギー革命の影響で北海道の産業構造がかわり、海運と漁業の街である小樽市の重要性が薄れ、陸路での不便さもあり小樽の経済は長期低落傾向にあった。車社会も本格的に到来したことから、小樽復興の起爆剤(きばくざい)として使用されなくなった運河を埋め立てて臨海線を開通させる計画が1966(昭和41)年に決定された。しかし1973年に「小樽運河を守る会」が発足し、独自の景観を残すための保存運動が盛りあがりをみせ、1986年に運河の半分を残す形での臨海線が開通した。そして全長1120mにおよぶ運河散策路も整備された。商品流通の近代化を目的としての運河埋立てであったが、結果的に高度成長に取り残されたままとなった景観がほどよく整備されることで、観光資源として人気をよぶようになった。バブル崩壊後の北海道経済低迷のなか、小樽の観光関連産業は成長を続け、最近では運河の

両岸に商店や飲食店がたちならび観光客でにぎわっている。

小樽運河工芸館

- 小樽市色内2-1-19
- JR小樽駅下車8分,または中央バスおたる散策バス博物館前下車すぐ

▶コース⑰

上に2つのドームを配した特徴的な建物で,ガラス工芸品やオルゴールの売り場と制作工房があり,観光客でいつもにぎわっている。予約すれば吹きガラスの制作をはじめ,ステンドグラスなどの本格的な制作体験ができる。

小樽オルゴール堂（旧 共成）

- 小樽市住吉町4-1
- JR小樽駅中央バスおたる散策バス北一硝子前下車2分

▶コース⑰

1912(明治45)年建築の米穀商社共成株式会社の社屋を利用したもので,木骨レンガ造りの2階建てで,建物の内部は総ヒノキ造りの大ホールとなっている。北海道での稲作の歴史は浅く,明治・大正期はほとんどの米を青森,秋田,山形,新潟からの移出にたよっていたため,小樽の米穀商は大きな利益をあげることができた。共成は富山県出身の沼田喜三郎によって設立された東北以北最大の米穀商社である。喜三郎は農地の開墾にも力をいれ,旧所有地は空知管内沼田町にその名が残っている。1940(昭和15)年には北海道の海草類を利用した製薬業も業務に加え,薬品部門は1955年に設立された共成製薬株式会社に引き継がれて現在に至っている。

人目を引くその外観は札幌近郊の野幌(江別市)産の赤レンガを使い,内部は1,2階が吹き抜けとなった贅沢なつくりである。現在は,ホールを利用してオルゴールの演奏や販売を行っており,いわゆるメルヘン交差点の中心施設となっている。

小樽交通記念館

▶コース⑱

- 小樽市手宮1-3-6
- JR小樽駅中央バスおたる散策バス交通記念館下車すぐ,または中央バス手宮行・高島線手宮ターミナル下車1分

幌内炭鉱の石炭を運搬するため,1880(明治13)年,北海道で

小樽交通記念館とアイアンホース号

　最初の鉄道が開拓使によって手宮・札幌間に、2年後に幌内までの全線が開通した。本格的な鉄道としては新橋・横浜、神戸・大阪間に続くものである。その北海道鉄道開通起点標が敷地内の庭園中央部に保存されている。また現存する最古の機関車庫である1884年の旧手宮機関車庫や1895年の手宮工場製造という現存最古の国産機関車大勝号も鉄道車輌保存館に保存・展示されている。広大な敷地を利用してプラットホームが建造され、蒸気機関車、ディーゼル機関車、除雪車、特急列車などが運転時のまま保存されて見学でき、義経号、しづか号と同じようにH.K.ポーター社製造のアメリカで活躍した蒸気機関車アイアンホースが実際に構内を走っており、乗車できるなど、生きた展示を楽しめる。

　広い展示室ではしづか号をはじめとする車輌、鉄道建設の写真や手宮付近のパノラマ模型で北海道の鉄道の歴史を追えるほか、時刻表や旅行案内、鉄道の制服や信号、標識、レールなどの展示も充実している。また、現代のリゾート列車や船、自転車、人力車、オートバイや高度成長期の大衆車、ル・マンレースでの優勝車から水素自動車まで幅広く展示されており、なじみは深いが最近は目にすることの少ない工業製品もある。

小樽市公会堂・能楽堂　　　　　　　　　　　　▶コース⑲

- 小樽市花園5-2-11
- JR小樽駅下車15分、または中央バス山手線市民会館通下車

　公会堂は1911(明治44)年の皇太子行啓の際、海運業を営む

小樽市公会堂

藤山要吉によって宿泊所として建築された。実際の施工は加藤忠五郎が東京宮内省の技師に相談し研究を重ねて行っている。単層純日本式建築で御殿・本館・付属建物からなり、大部分に道産エゾマツ材が用いられた。正面に唐破風の車寄せをもち、梁には御紋がきざまれている。行啓後は小樽区公会堂として利用されていたが、1960(昭和35)年に市民会館建築のため現在地に移された。能楽堂もそのおりに移転されている。能楽堂は荒物雑貨商の岡崎謙が1926(大正15)年に入船町の自宅にたてたものだった。ヒノキの舞台をはじめ要所に佐渡神代杉、道産マツ材が用いられ、狩野派17代乗信によって老松・唐獅子・若竹が描かれている。全国有数の由緒ある格式の高い能楽堂といわれている。市歴史的建造物。

小樽市鰊御殿(ニシン漁場建築・旧田中家母屋) ▶コース⑱

○小樽市 祝津3－228
○JR小樽駅中央バスおたる水族館行終点下車すぐ

明治・大正期には日本海沿岸地域でニシン漁が全盛で、数多くの鰊御殿が建築された。これはそのなかの元場(本邸)の1つで、積丹半島の泊村の網元田中福松が1891(明治24)年から7年をかけて建築したものである。当時鰊大尽とよばれた福松は、青森県の生まれで、漁夫として親戚をたよって来道したが、独立して徐々に大規模な建網(定置)漁業に移行して地位を築いた。現存する建物のなかでは大規模なもので、最盛期にはこのなかに福松の家族のほか、120人ほどの漁夫が寝泊まりしていた。

小樽市錬御殿

間取りには,漁夫の居住区と家族の居住区が左右に厳格に区別され,交渉のための隠れ部屋もあるなどの特徴がある。外観は大屋根中央に入母屋造りの煙出しが配され,伽藍調をおびた大屋根の庇,正面玄関の円屋根と直線の小庇との対照,脇玄関の庇をささえている象鼻など,民家には珍しい形式である。材木は道産原木のほか,東北地方から取りよせられたヒノキなどが大量に使われている。この建物は,石炭産業が最後の輝きを放っていた1958(昭和33年),北海道炭礦汽船が建物を解体してこの地に移築したのち,小樽市に寄贈した。道指定有形文化財。

小樽市博物館
(旧小樽倉庫)

➲小樽市色内2−1−20
➲JR小樽駅下車15分,または中央バスおたる散策バス博物館前下車すぐ

▶コース⑮⑰

1893(明治26)年,加賀の商人西出孫左衛門,西谷庄八の2人によって構築された。そのころ小樽を仕切っていた近江商人からの独立をめざしてたてたもので,屋根には福井県産の瓦とシャチホコがあげられ,左右対称に配された木骨石造り倉庫である。当時の商業の発展と荷役の利便さで,倉庫業は大成功し,1895年には小樽倉庫株式会社に改組した。小樽港の発展とともに,このような会社組織倉庫はふえ続けた。大きく美しい建築物で,ほかに,観光客でにぎわう運河プラザ(土産物店)やレトロな雰囲気の喫茶店などが旧小樽倉庫を利用し,博物館に隣接している。

小樽市博物館は,小樽市の発展を江戸時代から現代まで,絵

画や古地図，民具，海産物商の復元などによってまとめた第1展示室，小樽周辺の自然をあらわしたジオラマ，古代の火おこしシミュレーターなどのある第2展示室が中庭に面して配されており，絶好の立地と凝縮された展示物から，時間に追われる観光客の来館も多い。

小樽商工会議所(おたるしょうこうかいぎしょ)　●小樽市色内(いろない)1-6-32
●JR小樽駅中央バス本局前行
色内1丁目下車2分　　▶コース⑮

1895(明治28)年，農商務省令の改正にいち早く応じて設立が認められた小樽商業会議所は，その後の小樽の経済発展をささえ，1928(昭和3)年には小樽商工会議所と改称した。この事務所として1933年に完成したのがこの建物である。

おたる水族館(すいぞくかん)　●小樽市祝津(しゅくつ)3-303
●JR小樽駅中央バスおたる水族館行
終点下車すぐ　　▶コース⑱

1958(昭和33)年に，北海道大博覧会の開催を機にその会場として開設され，市営小樽市水族館として引きつがれた。1974年，小樽水族館公社が設立され，現在の新館がオープンした。敷地総面積は約11万6600m²で，300tクラスの大水槽(すいそう)3基を含む62水槽に魚類，爬虫類(はちゅうるい)，無脊椎動物(むせきつい)など350種類，約2万点を展示している。北海道では最大の水族館であり，全国の水族館のなかでもトドやゴマフアザラシをはじめ，多くの繁殖賞に輝いている。北海道周辺の海中を忠実に再現した水槽や世界の希少種，教育用の展示もそろっており，平日は小・中学校の現地学習での利用が多い。

オタルナイ運上屋跡(うんじょうやあと)　●小樽市堺町(さかいまち)6-14
●JR南小樽駅下車5分　　▶コース⑲

江戸時代，松前藩(まつまえはん)は家臣(かしん)に知行として蝦夷地(えぞち)での交易権を分けあたえていた。各地に商場(あきないば)が設けられ漁場(ぎょば)も経営されていたが，やがて和人(わじん)商人がこの商場の経営を武士から請け負うようになり，場所請負制度(ばしょうけおいせいど)が18世紀初めに成立した。オタルナイ場所の創設は，おおむね享保年間(きょうほう)(1716〜36)といわれる。

おたる水族館屋外の海獣ショー

知行主は松前藩重臣氏家氏で、請負人は近江商人の恵比寿屋岡田家である。運上屋(家)は和人とアイヌとの交易所として発足したが、交易・漁業経営のほか、場所内の行政一般も行った。1865(慶応元)年、オタルナイ場所は村並となって運上屋も場所請負制度とともに廃止された。

小樽日報社跡　　　　　　　　　　　　　　　　▶コース⑯
➡小樽市稲穂2-19-13
➡JR小樽駅下車3分

1907(明治40)年創立の新聞社。社長は新聞人の白石義郎。『福島民報』の経営にたずさわり、1900(明治33)年創刊の『釧路新聞』の社長、釧路町長、道議などの顔ももつ。創刊から石川啄木・野口雨情らが三面を担当して参画したが、主筆とあわず短期間で去った。『小樽日報』は創刊半年後に廃刊となった。

御手作場　　　　　　　　　　　　　　　　　　▶コース⑥

イシカリ場所改革に伴う移民政策として、現在の札幌市にあたる地域では、1857(安政4)年以降、蝦夷地開拓を希望する武士が農民をやといいれて入植をはかる在住制がとられ、ハッサム、コトニ、シノロなどの在住村が形成された。しかし1862(文久2)年の幕政改革による財政削減でこの制度は頓挫し、かわって官費による農民召募、食糧、農具支給などにより移民定着をはかり、すでに箱館・長万部・岩内周辺で行われていた御手作場開墾が構想された。1866(慶応2)年、箱館奉行より地所選定と開墾の差配を命じられた大友亀太郎は、のちの元村にあたる「察歩呂(サツホロ)」の地の開発に着手した。移民う

けいれの基盤整備として水路(大友堀)の開削,農民入植地の伐木,荒起しなどを行い,これと並行して農民が入植した。農民には食料や家屋などの支給がなされ,1866年以後3年間に23戸の移住が記録されている。幕府倒壊後,大友は新政府の箱館裁判所に属して御手作場経営にあたり,1869(明治2)年に兵部省に転出する際,開拓使にこれを引き渡した。

開拓使石狩罐詰所跡 ▶コース㉓

- 石狩市親船町65
- 中央バス札幌ターミナル石狩行石狩温泉駅前下車すぐ

明治政府の殖産興業政策の一環として,石狩川に遡上するサケを缶詰にするために開拓使石狩罐詰所が設置された。郷土資料室の裏手の石狩川沿いにたてられたアメリカからの機械と技術者を導入しての日本で最初の西洋式缶詰工場であった。最盛期には1万6000筒余が生産されたという。当時は筒詰めと呼称した。なお,10月10日は日本缶詰協会による「缶詰の日」であるが,これは当缶詰工場の営業開始日1877(明治10)年10月にちなむという。

海陽亭(旧魁陽亭・開陽亭) ▶コース⑰⑲

- 小樽市住吉町4－7
- JR小樽駅中央バスおたる散策バス北一硝子前下車3分,またはJR南小樽駅下車5分

大広間棟は明治初期,ほかは1896(明治29)年以降にたてられた木造建築である。魁陽亭,開陽亭,海陽亭と表記はかわったが,明治以来その名を全国に馳せてきた料亭である。女将の折り目正しさと行き届いた心配りは今も語り継がれている。

高台にあるため眺望もすばらしく,内部には138畳敷きの大広間「明石の間」のほか,いくつもの宴会場をもつ。前庭との調和を考えた和風の座敷だが,大正初期につくられたガラス製のシャンデリア形ガス灯もある。1906年の日露国境画定会議の祝宴が「明石の間」で開かれ,そのころには伊藤博文や原敬が訪れている。顧客には政・財界の著名人が多く,第二次世界

海陽亭

カトリック住ノ江教会

大戦後は石原慎太郎・裕次郎兄弟もよく訪れた。現在も夜間は宴会に利用されている。

偕楽園(かいらくえん)

○札幌市北区北7条西7丁目
○JR札幌駅下車10分

▶コース①

1871(明治4)年に開拓使により開設された札幌最初の公園。この界隈(かいわい)は古来サクシュコトニ川の流れる風光明媚(めいび)な地であった。ドイツ系アメリカ人のルイス・ベーマーが造園の指導にあたり，園内には数百種類の植物が栽培され，北海道の産業試験場でもあった。その後規模を拡張して育種場と改め，さらに博物場・温室・サケ孵化場(ふかじょう)・工業試験場などが付設された。開拓使(し)の時代がおわる1882年以降には各施設が移設され，偕楽園はその機能を失い自然の森に返っていった。1898年に清華亭(せいかてい)を含めて一帯の土地が民間に払い下げられて以来，人家がこの地区に密集し，市街割りが実施され，偕楽園という旧名も面影も遠くなった。今，清華亭(せいかてい)に名残りを残すのみである。

カトリック北1条教会(きたいちじょうきょうかい)(札幌カトリック司教座教会(しきょうざきょうかい))

○札幌市中央区北1条東6-10-6
○地下鉄東西線バスセンター前駅下車7分

▶コース②

この教会は，1881(明治14)年，フランス人宣教師(せんきょうし)フォーリーによって創設された，札幌でもっとも古いカトリック教会である。現在の木造の聖堂は，正式名称を「守護(しゅご)の天使教会」といい，北海道におけるカテドラル(司教座教会)となっている。

カトリック富岡教会　　　　　　　　　　　　　　樺戸博物館本館

カトリック住ノ江教会
- 小樽市住ノ江2-2-4
- JR南小樽駅下車5分
▶コース⑲

　1897(明治30)年ころにたてられた佐々木静二邸が，カトリック富岡教会の分教会となった。富岡教会だけでは手ぜまになったために，1949(昭和24)年住ノ江教会がつくられ，公園通りから北側が富岡教会，南側が住ノ江教会と信者が分けられた。むくり屋根の玄関，出窓，主屋の洋風応接間などに和洋折衷邸宅の面影を残し，裏の土蔵に十字架と鐘楼がのっている。

カトリック富岡教会
- 小樽市富岡1-21-25
- JR小樽駅下車15分
▶コース⑯

　小樽では1882(明治15)年宣教師フォーリーによってキリスト教(カトリック)の布教がはじまっている。中世ロマネスクとゴシック様式を混在させた外観をもつこの教会は，1929(昭和4)年に献堂式が行われ富岡教会と命名された。樹木に囲まれた一角は，十字架をいただいた八角小塔が天をめざし異国情緒にあふれている。

樺戸博物館本館
- 樺戸郡月形町1219
- JR石狩月形駅下車5分
▶コース㉔

　旧本庁舎と地下通路でつながる鉄筋コンクリート2階建ての建物。1階は，樺戸集治監の建設とあゆみを中心とした展示で，初代典獄月形潔の遺品をはじめ，歴代の典獄や看守たち，集治監で働く人びとに関する資料が豊富にある。幕末に池田屋事件などに参加した新撰組の永倉新八(のちに杉村義衛と改名)が集治監の剣術師範として3年間月形に在住し，典獄や看守た

ちに剣を教えたことも紹介されている。2階には，囚人の暮らしや労役について，当時の多くの生活用品や資料に基づく囚人の衣食住に関しての貴重な展示がある。またコンピュータのタッチパネルの操作で監獄史跡，樺戸人物伝，獄舎の暮らしを解説した樺戸集治監ライブラリーや，CG(コンピュータグラフィックス)を利用した歴史映像シアターもユニークである。

鴨々川(かもかもがわ) ▶コース③

創成川の上流で南17条西4丁目付近で豊平川(とよひらがわ)から分かれて南7条に至る約2.5kmの川。かつてウグイ・フナ・ドジョウ・ヤツメウナギ・ホタルも生息していた。川名の由来は不明。一説に，「カモカモ」はアイヌ語で「サケをとる曲げわっぱを意味」，「京都の鴨川にちなんだ」，1929(昭和4)年に南1条西6丁目で営業した「鴨川」にちなんだ，カモが多くいたからなどがある。

我楽古多博物館(がらくたはくぶつかん)
➲小樽市奥沢(おくさわ)1-16-14
➲JR南小樽駅下車10分
▶コース⑲

"我楽古多"と銘打つこの博物館にはありとあらゆるものがところせましとならぶ。ここでは蓄音機(ちくおんき)からSPレコードの名曲が流れ，昔のマントや山高帽(やまたかぼう)をかぶる人までいるらしい。

火薬庫(屯田兵第3大隊本部跡)(かやくこ(とんでんへいだいさんだいたいほんぶあと))
➲江別市萩ヶ岡(はぎがおか)19
➲JR江別駅下車4分
▶コース㉑

JR江別駅前左手一帯は野幌丘陵の先端部古砂丘(のっぽろ)の1つで，萩ヶ岡(神社山)とよばれる丘である。そこに江別神社があり，その裏手，駅前道路の1本北側に江別小学校もある。1878(明治11)年から江別・篠津(しのつ)・野幌に2次から4次にわたって入地がなされた江別の屯田は，1887年に札幌琴似の第1大隊から独立して第3大隊となっている(1891年には滝川(たきがわ)の第2大隊所属)。屯田兵第3大隊本部は現在の江別小学校敷地におかれていた。江別小学校のレンガ壁をもつ体育館と道路をはさんでの南側に，第3大隊本部火薬庫が残っている。火薬庫はレンガ造りで，

1934(昭和9)年，失火で本部が焼けたものの，火薬庫は延焼をまぬがれたものである。この火薬庫は4.5坪(約15m²)のレンガ造り平屋建てで，1886(明治19)年ころに建設されたと考えられている。江別小学校の改築(1952〈昭和27〉～55年)に伴い現在地に移設された。江別市指定文化財。

樺太(からふと)アイヌ慰霊碑(いれいひ)

➡江別市 対雁(ついしかり)97(市営墓地やすらぎ苑内)
➡JR野幌(のっぽろ)駅中央バス江別4番通線4番通3丁目下車8分

▶コース㉑

1875(明治8)年，千島(ちしま)・樺太交換条約により樺太南部に住む二千数百人のアイヌのうち，宗谷(そうや)に転住させられた樺太アイヌ841人は，翌1876年6月，武装警官の動員のもと，さらに移住条件とは異なる対雁(現，江別市工栄町(こうえい)，石狩川左岸河川敷地一帯)に強制移住させられた。その後，854人のアイヌが石狩河畔(はん)に沿ってモショッケ川から豊平川(とよひら)にかけて居住することとなった。開拓使(かいたくし)では農業授産の方針であったが，アイヌ側の強い要望で厚田(あつた)にニシン漁場(ぎょば)があたえられた。婦女子には養蚕(ようさん)・紡織(しょく)が指導された。しかし漁場は年々不振となり石狩にサケの漁場が提供された。その後，製網所が開業され，1877年には製網所内に教育所が開設，翌年には対雁学校(現，対雁小学校)となっている。しかし生産活動は石狩や厚田の漁場であって，農業生産は年寄りや女性だけというなか，その後石狩・厚田方面に移動するものがふえ，さらに環境の変化や1886年から翌年にかけてのコレラや天然痘(てんねんとう)の流行によって1879年から380人以上が死亡(にちぼう)した。日露戦争で南樺太が日本に割譲(かつじょう)されると，1906年には大部分の人が樺太へ帰郷した。この対雁移住のアイヌの保護・世話の中心となった開拓使勧業課(のち対雁移民共済組合組合長)上野正(まさ)による樺太アイヌ死没者供養碑「乗佛本願生彼國」と，1906年の集団帰郷の際に残留したアイヌのひとり津山(つやま)仁蔵(じんぞう)が1876年移住108戸の代表として建立した樺太移住旧土人先祖之墓が隣接してたつ。墓前では毎年秋に慰霊祭が行われる。

なお対雁地区には石狩アイヌが明治初期まで，いわゆる地つ

川の博物館

きアイヌとして居住していたが，樺太アイヌの強制移住のなかで，彼らの動向は不明である。

樺太関係資料展示室　　　　　　　　　　　　　　　　▶コース②

○札幌市中央区北3条西18丁目(北海道庁西18丁目別館2階)
○地下鉄東西線西18丁目駅下車8分

　古くから北海道と縁が深かった南樺太に関するものや現在のサハリンとの交流の様子を紹介した写真パネル・実物資料など約210点が展示されている。展示内容は，松前藩の経営や開拓使の活動などを年表や文献で紹介した「北海道と樺太のつながり」について，生活用品や動物の剥製および写真で第二次世界大戦前の樺太の様子を紹介した「樺太の自然と人々のくらし」，1966(昭和41)年から道で実施しているサハリン墓参団の写真や道および道内自治体で実施しているサハリンとの交流を紹介した「サハリンとの交流」などである。

川の博物館　　　　　　　　　　　　　　　　　　　　▶コース㉓

○石狩市新港南1−28−24
○中央バス札幌ターミナル
　石狩行6線下車2分

　1985(昭和60)年，石狩川放水路の近くに放水路管理センターを併設し石狩川治水資料館として開館した。治水事業をわかりやすく説明するために治水テレビゲームや立体テレビなどの映像を多く取りいれている。また，川と産業，都市河川環境といったテーマのほかにも水中の生物，川辺の生物といった展示もなされており，さまざまな観点から学習できる施設である。

北一ヴェネツィア美術館　　　　　　　　　　　　　▶コース⑰

○小樽市堺町5-27
○JR小樽駅中央バスおたる散策バス北一硝子前下車1分

　ヴェネツィア文化とガラス工芸品を展示するため1988(昭和63)年に開館した。外観はヴェネツィアに現存する宮殿を模したもので、2・3階の展示室には実物のゴンドラやガラス工芸品を展示し、貴族の生活を再現している。おもにヴェネツィアの伝統に息づくマスケラ(仮面)文化と、カルネヴァーレ(カーニバル)をテーマにマスケラ120点を展示するなど、そのはなやかな雰囲気を伝えている。1階は北一硝子の商品販売のほか、カーニバル衣装を着て記念撮影することもできる。

北の誉酒造・酒泉館　　　　　　　　　　　　　　▶コース⑲

○小樽市奥沢1-21-51
○JR小樽駅中央バス小樽市内本線ほか奥沢口下車5分、またはJR南小樽駅下車15分、またはJR南小樽駅バス奥沢線奥沢口下車5分

　水のおいしい小樽では、自慢の地酒がつくられている。北の誉酒造の酒泉館では、酒づくりの道具や資料などが展示されている。工場見学も可能で冬季は酒の仕込みをみることができる。

旧青山別邸

○小樽市祝津3-63(祝津小学校隣)
○JR小樽駅中央バスおたる水族館行　　　　　　　▶コース⑱
　祝津3丁目下車5分

　大正年間当時、祝津ニシン漁三大網元の1つで、鰊大尽とよばれた青山留吉・政吉は親子2代にわたって財をなし、娘夫婦の民治・政恵とともに、1918(大正7)年、別荘の建築に取りかかった。政恵は山形県酒田市の大地主本間家を訪れたことがあり、その豪勢な建物以上のものをめざしたとされる。建築費は31万円、東京新宿の伊勢丹デパートの建築費が50万円ほどであったという。大工を酒田からよびよせ、総勢50人が腕をふるったほか、酒田よりケヤキを大量に運ばせ、北海道には珍しい瓦葺き屋根、軒下はすべて手彫りによる彫刻がほどこされて

旧青山別邸中庭

いる。襖絵には狩野派の流れをくむ絵師がたずさわり，屏風の書もみごたえがある。中庭には4重の扉のついた文庫蔵，枯山水の庭園などもあり，細部にわたってゆっくり時間をかけて見学する価値がある。その後ここを買いとった佐藤家によって，1998(平成10)年，老朽化に伴い瓦を葺きかえるなど修復をした。木造建築であり，多数の美術品が当時のまま展示されていることから，保存にも力をいれている。

青山家は祝津のほか，豊井(小樽市内)，雄冬などにも直営の漁場をもっており，現在も雄冬に鰊番屋が，留萌には花田番屋が残っている。本邸(元場)は北海道開拓の村に寄贈されて現存している。

旧小熊邸 ●札幌市中央区伏見5丁目　　　　　　▶コース④
●市電ロープウェイ入口下車5分

現在は喫茶店として利用されているが，もとは南1条西20丁目にあった住宅である。1927(昭和2)年に北海道帝国大学(現，北海道大学)の小熊教授がたてたためこの名がついた。設計をしたのは，市内で数々の住宅を手がけた田上義也で，緑色の屋根と白い壁が当時としてはモダンな建物であった。

旧樺戸集治監本庁舎 ●樺戸郡月形町1219　　　　▶コース㉔
●JR石狩月形駅下車5分

現在残る旧庁舎の建物は，1886(明治19)年に火災後再建されたものである。江戸時代の刑罰制度の資料や罪人を捕らえるための道具，明治から大正期の手錠や囚人服など，実物の展示のほか，集治監構内の平面図の複写や150分の1の全体模型に

旧札幌美似教会

加えて，畳3枚ほどの広さに小机と布団しかない独居房の再現など非常に興味深い。

旧 共成→小樽オルゴール堂参照。　　　　　　　▶コース⑮

旧 札幌美以教会(日本基督教団札幌教会)

　○札幌市中央区北1条東1-2-4
　○地下鉄大通駅下車7分　　　　　　　　　　　▶コース②

　札幌に早くから伝道されたキリスト教メソジスト派3代目の会堂として1904(明治37)年にたてられた。札幌軟石を積みあげ，正面左に八角形の円筒塔をたてたロマネスク風のたたずまいをみせる教会である。しかし，窓まわりの尖塔アーチや正面2階のバラ窓を簡略化した円窓は，初期ゴシック風の特徴をもっている。平面は浅い袖廊をもったラテン十字形。小ぶりの建築ながら，内部はプロテスタント教会らしく広々とした空間になっている。札幌中心部にいくつかあったプロテスタント教会も会堂にたてかえられたり，市街周辺に移されたりして，今ではこの教会だけが古い明治のたたずまいを伝えている。

旧 島松駅逓所
　○北広島市島松1
　○中央バス千歳ターミナル行島松ゴ　　　　　　▶コース㉒
　　ルフ場前，または島松沢下車10分

　明治初期，交通不便の地に駅舎と人馬をそなえて，宿泊と運送の便をはかるために設置されたのが駅逓だが，ここは札幌本道の開通に伴って1873(明治6)年に設置された。札幌農学校教

旧島松駅逓所

頭W.S.クラークの農学校の教え子たちとの別れの地としても有名である。なお、駅逓の起源は1799(寛政11)年の蝦夷地であり、明治以降の北海道にあっては重要な役割をはたした。道内には、600ヵ所をこえる駅逓がおかれたが、開拓が進むにつれてしだいに廃止され、1947(昭和22)年には全廃された。

| 旧 下ヨイチ運上家 | ●余市郡余市町入舟町10
●JR余市駅中央バス梅川車庫行余市町役場前下車10分 | ▶コース⑳ |

　江戸時代にこの地におかれた運上家(屋)の遺構。運上家とは、江戸時代、松前藩の蝦夷地経営が、商場知行制から商場制のもとでの請負制、そして場所請負制へと変化していく過程で、松前藩と結びついた場所請負人たちがそれぞれの商場(漁場)に設けた管理機関である。これらはやがて19世紀にはいり、蝦夷地の幕府直轄化に伴い、幕府や松前藩の出先機関としての役割をもになうようになる。近世この地には、上ヨイチ場所(余市川右岸)と下ヨイチ場所(余市川左岸)の2ヵ所の商場があり、それぞれに運上家がおかれ、経営が行われていた。下ヨイチ運上家は、場所請負人3代目竹屋林長左衛門によって1853(嘉永6)年に改築されたが、現在の建物はこの際の古図面をもとに復元されたものである。建物は切妻造平入りの正面約20間(36m)・奥行約9間(16m)、建築面積約540m²で、現存する弁天社のほかに、付属建物としてかつては板倉、雑板倉、煎海鼠板倉など数種の倉が存在した。内部には、封建時代の身分制度を反映した特色がみられ、機能的に大きく2分されている。すなわ

旧下ヨイチ運上家

ち上手の座敷部屋はおもに役人、勤番下役の勤務場所であり、役人の止宿所に使用された。下手には2カ所の大きな切炉を中心とする上・下台所と勝手・下勝手があり、酒部屋が配置される土間のうえには、役付使用人や一般通行人などに使用させた寝部屋が配置されている。重要文化財。国指定史跡。

旧 出納邸（きゅうすいとうてい）
➡札幌市厚別区上野幌1条5丁目
➡地下鉄東西線新さっぽろ駅バス柏葉台団地行上野幌中央公園下車6分
▶コース㉒

1925(大正14)年、出納陽一によって建設された。なお出納は、札幌で初めてバターを製造した宇都宮仙太郎の女婿で、1924年に両者共同でこの地に宇納牧場を開設した。旧出納邸はデンマークの富豪の邸宅を参考にしてたてられたもので、最近まで近隣の雪印スケートセンターでアイスホッケーの合宿などを行う学生などに開放されていたほど、今なおしっかりしたつくりである。なおサイロは牧場開設以来のものである。

旧 永山武四郎邸（きゅうながやまたけしろうてい）
➡札幌市中央区北2条東6-9-22
➡地下鉄東西線バスセンター前駅下車10分
▶コース②

明治10年代前半、屯田事務局長時代の永山が私邸として建築した。永山邸の土地・建物は1911(明治44)年、三菱合資会社に買収され、北海道炭鉱開発の基地として使用された。1937(昭和12)年ごろ、北側部分を解体して2階建ての洋館を新築し、旧永山邸部分は貴賓室として大切に管理されてきた。1985年、当時の所有者である三菱鉱業セメント会社から札幌市に寄贈さ

旧出納邸

旧永山武四郎邸

れ,周辺を公園として整備した。

 旧永山邸部分は,洋風の玄関・ホール・応接室および和室からなる136m²ほどの建物である。母屋の小屋組みは,様式のキングポスト,外壁は隅柱型付きの下見板張りとし,開拓使が建築した豊平館や清華亭と同様に捨裏板を張り内部は土壁となっている。明治初期,洋室を取りいれる場合には,本館とは別棟に併設したり,廊下を介して設けることがふつうであったが,旧永山邸では洋室(応接室)と和室(書院座敷)が直接となりあわせにつくられている。このような間取りはかなり特異な手法で,日本近代住宅史の展開を考えるうえで重要である。また応接室の壁面には床を10cmほどさげた工事跡がある。応接室の椅子に腰掛けた客が,座敷にすわる主人をみおろすことになる不都合を解消するために応接室の床をさげたものらしい。かつて日本人にとって,目線の上下はそれほど重要なことであったのであろう。

旧日本郵船株式会社小樽支店　▶コース⑱

　○小樽市色内3-7-8
　○JR小樽駅中央バスおたる散策バス旧日本郵船前下車すぐ

 日本郵船は昭和初期に船腹量(総トン数)で世界一にもなった船会社で,小樽には1878(明治11)年に進出している。この建物は1904年に着工し,1906年に小樽支店として落成した。工部大学校(現,東京大学工学部)第1期生4人中の1人である佐立七次郎(1856～1922)の設計によるが,彼の作品で現存しているも

旧日本郵船株式会社小樽支店　　　　　　　　旧馬場農場のサイロ

のは2棟のみで、石造の本格的ヨーロッパ様式建築で公開されているものは当所のみである。当時は支店の前面には専用の船入澗（いりま）や輸出入倉庫があって貨物を積んだ艀（はしけ）が出入りし、裏側に鉄道が走る絶好の場所であった。国重文。

旧馬場農場（きゅうばばのうじょう）のサイロ　▶コース⑭

　●札幌市厚別区厚別中央1条3丁目
　●地下鉄東西線ひばりが丘駅下車2分

　1927(昭和2)年に創設された馬場農場は、ひばりが丘から厚別南へ広がる約60haの大農場だった。当時最大級の大きさだった石造りのサイロは、1959年に市営ひばりが丘団地が造成されるとき団地内のシンボルとして保存された。

旧 北陸銀行江別支店（きゅうほくりくぎんこうえべつしてん）
●江別市2条2丁目6
●JR江別駅下車4分　　　　　▶コース㉑

　北陸銀行の江別支店として1919(大正8)年に建築されたもので、構造は洋風建築様式だが、外観は土蔵造り風であるのが大きな特徴となっている。ながらく倉庫として使われてきたが、2000(平成12)年から喫茶店になっている。現在、商業中心地は野幌（のっぽろ）に移り、JR江別駅付近の商店街にはかつてのにぎやかな面影はないが、石狩川へ合流する千歳川（ちとせ）の河口部であったことから、鉄道と水運の中継地点であり雑穀や木材の集荷地、生活経済の中心地として、この千歳川沿いには古い石造りやレンガ造り倉庫など、歴史的な建築物が多く残っている。2002年3月、登録有形文化財となった。

旧北海道拓殖銀行小樽支店

旧 北海道銀行本店
- 小樽市色内1-8-6
- JR小樽駅中央バス本局前行 終点下車1分

▶コース⑮

　銀鱗荘を自邸としてたてた猪俣安之丞が，1894(明治27)年に設立した余市銀行に起源をもつ地元資本の銀行で，1906年北海道商業銀行との合併により北海道銀行となった。その後1945(昭和20)年に北海道拓殖銀行に合併された。ちなみに現在営業している「北海道銀行」とのつながりはない。1912(明治45)年に完成した建物の設計は，日本銀行小樽支店の設計にも参加した長野宇平治である。

旧 北海道拓殖銀行小樽支店
- 小樽市色内1-3-1
- JR小樽駅中央バス本局前行 終点下車1分

▶コース⑮

　北海道拓殖銀行は，北海道の開拓業務を推進する政府出資の特別金融機関として1899(明治32)年に札幌に設立され，翌年小樽支店を開いた。第二次世界大戦後も引続き北海道経済をささえる都市銀行として発展したが，1997(平成9)年バブル経済崩壊後の不況のなかで倒産し，経済界に衝撃をあたえた。

旧 簾舞通行屋（旧 黒岩家）
- 札幌市南区簾舞11
- 地下鉄南北線真駒内駅じょうてつバス定山渓方面行国立札幌南病院前下車2分

▶コース⑪

　1871(明治4)年，本願寺街道開通に伴い，翌年通行者や開拓者が宿泊・休憩する通行屋としてたてられた。1884年の通行屋

旧余市福原漁場

廃止後，現在地に移築され，このとき増築されて，ほぼ現在の形となった。黒岩家3代にわたる住宅とともに，宿屋，御料局札幌出張所簾舞分担区員駐在所，施設教育所(簾舞小学校の前身)などに利用され，この地区の発展に役立ってきた。札幌市に残る唯一の通行屋で，開拓時代の家屋構造を今に伝える貴重な建物である。また，簾舞郷土資料館として資料公開が行われている。

旧余市福原漁場
きゅうよいちふくはらぎょば

➲余市郡余市町浜中町150－1
➲JR余市駅中央バス梅川車庫行
　浜中町下車2分

▶コース⑳

明治期の漁場建築遺構。1884(明治17)年以来この地でニシン漁を中心に漁場経営を行った福原家(初代福原才七)にかかわる建物群(ただし福原家の経営は1903年までで，その後小黒家，川内家へと経営が移り現在に至る)を修理・復元したもの。初代才七は，安政年間(1854～60)から父母とともに余市の浜中へニシン漁の出稼ぎにきていたといわれ，1885年には現在の余市町浜中42番地に居住しニシン漁業を行い，翌86年にこの地の資産家猪股安之丞から浜中の土地・建物を買いいれ事業拡大につとめたという。1982(昭和57)年に国指定史跡の認定をうけ，現存していた建物の修復と，史料をもとにした復元が行われた。建物としては，主屋のほか，文書庫・米味噌蔵・石倉・網倉・物置などが当時の姿で残されており，かつてのニシン漁場の様子を垣間みることができる。

金龍寺サメ様

北大構内のクラーク像

金龍寺
- ●石狩市新町4
- ●中央バス札幌ターミナル石狩行終点 下車3分

▶コース㉓

　1859(安政6)年創立の札幌近郊ではもっとも古い日蓮宗の寺院である。箱館奉行所石狩詰調役荒井金助が弟の冥福を祈るために創建したという。本堂には日蓮聖人と鬼子母神、かたわらの妙見堂には妙見菩薩と八大龍王、そして石狩独特のサメの神様「妙鮫法亀善神」がまつられている。弁天社のサメの神様「サメ様＝妙鮫法亀善神」は一般公開されていないが、ここ金龍寺の「サメ様」はまじかにみることができる。境内には1774(安永3)年製の市内でいちばん古い手水鉢(弁天社旧蔵)と石狩詰役人(天野傳左衛門・村田小一郎)の墓石がある。

クラーク, W. S. 1826〜86年　　　　　▶コース①⑨㉒

　アメリカ・マサチューセッツ州アーマストに生まれ、州立農科大学学長在任中、開拓使官黒田清隆の懇願をうけ、1876(明治9)年に札幌農学校初代教頭として着任した。キリスト教の精神を教育の基本とし、精力的に農学校の基礎づくりにはげんだ。在任期間はわずか9カ月であったが、彼の人格教育・宗教教育は多くの人物に強い影響をあたえ、教え子のなかからすぐれた人物が輩出した。帰国の際に残した「Boys, be ambitious」の言葉は名言として今なお語り継がれている。

恵庭荘　　　　　　　　　　　　　　　　　琴似屯田兵村兵屋跡

恵庭荘（えていそう）
- 札幌市厚別区上野幌1条5丁目
- 地下鉄東西線新さっぽろ駅バス柏葉台団地行上野幌中央公園下車6分

▶コース㉒

　札幌の市街地南5条西2丁目にあった1893(明治26)年建築の呉服商の邸宅を当地に移設して雪印種苗の迎賓館としたものである。京都から宮大工をよびよせてつくった、明治のたたずまいをみせる和風建築である。居間からはるか正面に恵庭岳がのぞめたのでこの名がある。

琴似神社（ことにじんじゃ）
- 札幌市西区琴似1条7-1-30
- 地下鉄東西線琴似駅下車5分

▶コース⑫

　最初の屯田兵として入植した仙台亘理藩の人びとが藩祖伊達成実公の神霊をまつり、1876(明治9)年に現在の山の手2条1丁目の地に、武早神社を創建した。1897年に琴似神社と改称し、1915(大正4)年にもともと授産場であった現在の地に移された。1994(平成6)年には会津藩祖の保科正之公の神霊もまつられ、屯田兵とその子孫の心のよりどころとして親しまれている。境内には、当時の建物そのままに屯田兵屋跡が残されており、北海道有形文化財に指定されている。

琴似屯田兵村兵屋跡（ことにとんでんへいそんへいおくあと）
- 札幌市西区琴似2条4丁目
- 地下鉄東西線琴似駅下車1分

▶コース⑫

　宮城県亘理郡出身の清野専次郎が入居していた133番の兵屋を復元したもの。入植当時の場所そのままにつくったことから、国史跡に指定されている。琴似兵村には208戸が入居したが、59番から266番の番号がつけられていた。これは、すでに琴似

小林多喜二文学碑

近藤牧場

に58戸が入植していたためである。屯田兵屋は，屯田兵の生活を知る貴重な遺構で，琴似兵村はその後の屯田兵村のモデルとなった。兵屋は，間口5間(約10m)，奥行3間半(約7m)，建坪17坪半(約58m²)で，当時の一般家屋としては立派なものだったといわれる一方で，足軽クラスなみの粗末なものだという見方もある。

小林多喜二 1903〜33年　　　　　　　　　　▶コース⑯

労働者解放運動をたたかったプロレタリア作家。蟹工船の漁夫・雑夫の過酷な労働実態と搾取を描いた『蟹工船』は大きな反響をよび，世界各国で翻訳された。秋田県に生まれた多喜二は，4歳のときに小樽へ移住し小樽高等商業学校を卒業後，北海道拓殖銀行小樽支店に勤務した。働きながら作品を発表していたが，1929(昭和4)年に銀行を解雇され翌年上京した。日本プロレタリア作家同盟の書記長をつとめ，共産党に入党して地下活動を行う。しかし，1933年に捕らえられ拷問によって死亡した。小樽を舞台に労働者を描いた『工場細胞』『安子』『転形期の人々』『地区の人々』などの作品がある。小樽では毎年多喜二の命日2月20日を中心に多喜二祭が行われる。多喜二の墓所は奥沢5丁目3番地の奥沢墓地にあり，天神小学校横の墓地入口からおよそ200mのところである。墓所へはJR小樽駅から中央バス天神町行きで天満宮下下車8分。

コンサドーレ札幌　　　　　　　　　　　　▶コース⑫

1996(平成8)年に創設された北海道唯一のプロ・サッカーチーム。Jリーグブームに日本中がわきたつなかで,「札幌にJリーグチームを」を合言葉に,札幌青年会議所が誘致をめざし,31万人の署名を集めた。これをもとに,Jリーグの下位リーグに所属していた東芝サッカー部が誘致され,「コンサドーレ札幌」として発足した。チームは,北海道フットボールクラブが運営し,北海道経済界の多くの企業・団体が出資している。また,「コンサドーレ」というチーム名は,「道産子（どさんこ）」を逆さに読み,これに「オーレ」の語を合成したもので,札幌市民ばかりでなく北海道民のチームとしての活動をめざしている。

近藤牧場（こんどうぼくじょう）
　●札幌市北区新川（しんかわ）694
　●地下鉄南北線北24条駅市営バス
　　北73系統新川ターミナル行新琴似
　　2条13丁目下車1分
▶コース⑬

　1916(大正5)年に酪農（らくのう）をはじめた近藤牧場には,牛の頭数がふえるごとに増築した牛舎と2基のサイロがある。木造のサイロは,別の農場から移築してきたもので,1925年に建築された。石造りのサイロは,1932(昭和7)年,石山（いしやま）から軟石（なんせき）を馬ソリで運び,人力で積みあげてセメントとかすがいで固めてつくられた。また,ほかのサイロにはあまりみられない三角屋根が特徴的である。農場は都市化が進んだために酪農業をやめてしまったが,建物や暴風のために植えられたポプラは,ありし日の近藤牧場の姿を残している。

サクシュコトニ川（がわ）　　　　　　　　▶コース①

　サクシュコトニ川は,札幌の古い地図にみられる旧琴似川の支流である。北海道大学植物園の北側のメム(アイヌ語で水の湧きでる場所)を水源とし,清華亭（せいかてい）の南側をとおり大きくまがりながら北大構内にはいり,中央ローンをとおって北西への流路をとり,第一農場の西側を流れてきたセロンベツ川と合流したのち,大学構外へでてほかの支流と交錯しながら銭函（ぜにばこ）付近で海へと流れていた。

北大構内を流れるサクシュコトニ川やセロンベツ川の流域周辺では擦文文化時代の竪穴(たてあな)住居跡・土壙(どこう)・集石などの遺跡が多く発見され、そこから土師(はじ)器・須恵(すえ)器や土製紡錘車(せいぼうすいしゃ)などが発掘されている。なかでも注目すべきものはテシ遺構の発見である。テシとは、アイヌ語でサケの捕獲装置(魚を魚罠(わな)に導くための木杭(きぐい)の列)のことである。

札幌(さっぽろ)オリンピック ▶コース⑧

スキーをはじめとする国際観光都市としての発展をめざしてきた札幌市は、第5回冬季オリンピック(1940〈昭和15〉年開催予定)の誘致に成功したが、日中戦争激化のため大会開催を返上した。戦後、再び誘致運動を展開し、ついに1972年、第11回冬季オリンピックを開催した。ちょうどこのころ、人口100万人をこえた札幌市が国際観光都市として世界にアピールする絶好の機会となった。大会では、宮の森ジャンプ競技場で行われた70m級ジャンプで、笠谷幸生(かさやゆきお)、金野昭二(こんのしょうじ)、青地清二(あおちせいじ)が1~3位を独占する快挙を達成し、ファンの期待にこたえた。

札幌芸術(さっぽろげいじゅつ)の森(もり)
➡札幌市南区芸術の森2丁目
➡地下鉄南北線真駒内(まこまない)駅中央バス空沼(そらぬま)線・滝野線芸術の森入口下車3分 ▶コース⑩

札幌芸術の森は北方の新しい芸術・文化の創造をめざし1986(昭和61)年に開設された施設で、1999(平成11)年に整備を完了した。広さ40haにおよぶ敷地内には、国内外の近現代彫刻家と札幌ゆかりの画家の作品が収集されており、随時企画展も開催される芸術の森美術館、広々とした芝生や白樺(しらかば)林が広がる変化に富んだ地形に、国内外の彫刻家による彫刻74点が展示されている野外美術館、夏のPMF(世界の若手音楽家の育成を目的とした国際教育音楽祭)や各種コンサートの会場となる野外ステージ、陶芸・染色・ガラス・木工などに関して一般および団体向けに制作講習会などを開催している各種工芸施設など、観賞・発表・制作・研修・情報交流の機能をそなえた各種芸術施設が点在している。

札幌建設の地碑(左)と碑文

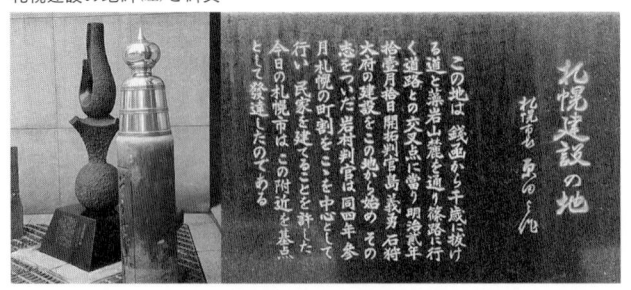

この地は、鉄西から千歳に抜ける道と藻岩山麓を通る篠路行の交差点で、明治2年9月、開拓判官島義勇、石狩大府の建設をこの地から始めるの志をついた岩崎通利官は同年4月、民家を建てることを許して、札幌の町割をこの附近を基点として行い、今日札幌市となって敬達したのである

札幌建設の地

| さっぽろけんせつ ち ひ
札幌建設の地碑 | ●札幌市中央区南1条西1-1
●地下鉄大通駅下車5分 | ▶コース②⑥ |

　札幌市街地区画の起点となった地を記念して、1967(昭和42)年に建立。この地は、幕末に開削され今日の南一条通の前身となっている銭函・千歳を結ぶ道路(札幌越新道)が、御手作場開墾のためにつくられた大友堀(現、創成川)と交差する場所であった。1869(明治2)年に開拓判官島義勇は、ここを起点に札幌本府建設に着手したとされる。碑の横には、現在もここを南北に流れる創成川にかかる創成橋の、軟石製の高欄(1910年作)もおかれている。

| さっぽろ ご こくじんじゃ
札幌護国神社 | ●札幌市中央区南15条西5丁目
●地下鉄南北線幌平橋駅下車3分 | ▶コース③ |

　1877(明治10)年、西南の役で殉死した屯田兵の霊を慰めるため、札幌市北6条西2丁目の偕楽園前に忠魂碑を建立したのにはじまる。1900年札幌招魂碑保存会が設立され、維持にあたった。1907年中島遊園地内に移転し、1933(昭和8)年現在地の社殿が建立された。1946年札幌彰徳神社と号し、戦没者に加え、殉職警官・消防官などが合祀され、1959年札幌護国神社と改称された。境内には、屯田兵招魂碑など数多くの慰霊碑とともに、遺品殿が設けられている。

| さっぽろ し げ すいどう か がくかん
札幌市下水道科学館 | ●札幌市北区麻生町8丁目
●JR学園都市線新琴似駅
　下車15分 | ▶コース⑬ |

　科学館は、「楽しみながら下水道のしくみを知ろう」という

コンセプトのもとに札幌市内の下水がどのように集められ処理されていくのかを、家庭から下水処理場、そして川に流されるまでの過程をわかりやすく説明している。また、下水に関する知識が、クイズを解いていくことでわかるようになる体験、参加型の展示が多い。

札幌市交通資料館 (さっぽろしこうつうしりょうかん)

○札幌市南区真駒内東町1丁目 (まこまない)
○地下鉄南北線自衛隊前駅下車1分　▶コース⑪

1975(昭和50)年、さっぽろ雪まつり期間中の観覧を契機に、交通局広報業務の一環として、これまでの交通の歴史を記念に残し社会教育に役立てようと、地下鉄高架下の跡地を利用して開設された。屋外には、電車10両、地下鉄7両、バスなど6両、計23両を展示。屋内には、1927(昭和2)年に発足した市営交通の歴史を物語る貴重な写真や、制服、乗車券など部品、備品類が総計1003点所蔵・展示されている。

札幌市写真ライブラリー (さっぽろししゃしん)　▶コース⑤

○札幌市中央区北2条東4丁目(サッポロファクトリー・レンガ館内)
○地下鉄東西線バスセンター前駅下車5分、または市営バスファクトリー線ファクトリー前下車1分

写真を公共的な資料として専門に収蔵する北海道で初めての施設。歴史的建造物や服飾の推移・札幌オリンピック・札幌雪まつりなどの貴重な写真が展示されており、開拓時代から現代に至るまでの札幌市の行政史および文化の変遷などの歴史風俗をおよそ2万点の写真によってたどることができる。これらの写真は、自然・風景・産業などといった項目ごとに分類整理され、コンピュータによる検索も可能となっている。また、札幌市民のための写真ギャラリーとしての役割もになっている。

札幌市資料館 (さっぽろししりょうかん)
(旧札幌控訴院) (きゅうさっぽろこうそいん)

○札幌市中央区大通西13丁目 (おおどおり)
○地下鉄東西線西11丁目駅下車5分　▶コース②

1926(大正15)年に札幌控訴院(のちの札幌高等裁判所)として

札幌市資料館

たてられた建物。全国で8つ建築された控訴院のうち現存するのは札幌と名古屋だけである。外観は札幌軟石の重量感ある建築であるが、内側にレンガを積みあげた組積造(そせきぞう)で、床や梁(はり)・中央ホールの回り階段は鉄筋コンクリート構造。正面玄関の庇(ひさし)には目隠しをした法の女神テミスの首像、その左右には公正と正義をあらわす秤(はかり)と剣が彫られ、後方壁面の2階の2つの鏡は真実をあらわし、この彫刻全体で法の権威と公平の原則を表現している。なかには札幌の歴史展示室や札幌出身のマンガ家おおば比呂司(ひろし)記念室がある。

札幌市天文台(さっぽろしてんもんだい) ▶コース③
◯札幌市中央区中島(なかじま)公園1番17号
◯地下鉄南北線中島公園駅、または幌平橋(ほろひらばし)駅下車6分

1958(昭和33)年に開催された北海道大博覧会を機会に雪印乳業から札幌市に寄贈されたもので、道内19カ所にある公立天文台のうち、旭川(あさひかわ)について2番目に古い開館である。20cmの屈折望遠鏡を設置し、昼は太陽の観察を行っている。天文台だより「なんたって星空」を年4回発行している。

札幌市豊平川さけ科学館(さっぽろしとよひらがわかがくかん) ▶コース⑪

◯札幌市南区真駒内(まこまない)公園2-1
◯地下鉄南北線真駒内駅市営バス藻岩線・南沢線・北の沢線・南の沢線行真駒内競技場前下車4分

豊平川では、1979(昭和54)年からサケ稚魚(ちぎょ)の放流が再開され、2年後の1981年から毎年、親サケの回帰がみられるようになり、

札幌彫刻美術館

自然産卵も確認されている。このサケの回帰の継続をはかること，およびサケの生態や自然環境について理解を深めるため，1984年に開館した。サケの生態について学ぶことができる展示ホールや採卵ふ化室，屋外観察池などがあり，サケや札幌周辺に生息する淡水魚・水生動物をみることができる。

札幌市埋蔵文化財センター　　　　　　　　▶コース④

- 札幌市中央区南22条西13丁目(札幌市中央図書館内)
- 市電中央図書館前下車すぐ

1991(平成3)年に，札幌市内から出土した遺跡の発掘調査や遺物の整理・研究，展示を目的として開館した。土器や発掘の様子をうつした写真から，当時の札幌の様子や人びとの生活を知ることができる。

札幌祖霊神社　　　　　　　　　　　　　　▶コース④

- 札幌市中央区南5条西8丁目
- 市電創成小学校前下車5分，市電東本願寺前下車15分

1871(明治4)年に開拓使が開拓移民に対して神道による葬祭を行うよう指示した。そのときつくられた神道葬祭場の小祠を創祠として，1885年に札幌神社(現，北海道神宮)から分霊を奉迎して成立した。

札幌彫刻美術館　　　　　　　　　　　　　▶コース⑧

- 札幌市中央区宮の森4条12丁目
- 地下鉄東西線西28丁目駅市バス山の手環状線彫刻美術館入口下車10分

札幌市出身の彫刻家本郷新を記念してつくられた彫刻美術館。本郷は，1905(明治38)年札幌に生まれ，19歳で上京し，東京高等工芸学校(現，千葉大学工学部)彫刻部に入学して，彫刻家修業の道を歩みはじめ，その後，高村光太郎に師事した。第二次世界大戦後は積極的に平和運動にもかかわりながら，戦没学生記念像「わだつみのこえ」をはじめとする多くの秀作を残した。1980(昭和55)年に74歳でなくなり，彼の作品やアトリエ・ギャラリーが札幌市に寄贈され，これをもとに彫刻美術館が設立された。現在，主として彫刻作品を展示する本館と彫刻以外の作品その他を展示する記念館とで彼の活動にふれることができる。

札幌ドームHIROBA

○札幌市豊平区羊ヶ丘
○地下鉄東豊線福住駅下車10分

▶コース⑨

　2001(平成13)年，道民の悲願であった，冬季でもプロスポーツが開催できる多目的運動施設として，巨額の資金を導入して建設された。世界でも初めての可動式サッカーグラウンドをもち，通常は人工芝の野球場とJリーグのコンサドーレ札幌のホームとして利用されている。

札幌農学校(現，北海道大学)

▶コース①

○札幌市北区北9条西5丁目
○JR札幌駅下車10分

　1876(明治9)年開校した日本最初の官立農学校である。開拓使顧問ホーレス・ケプロンの建言により開拓使仮学校が1872(明治5)年に東京芝増上寺内に開校され，1875年には札幌に移され札幌農学校と改称された。翌1876年8月にはマサチューセッツ農科大学長ウィリアム・スミス・クラークが初代教頭として招かれ，札幌農学校の開校式が行われた。創始期にはキリスト教的な雰囲気のユニークな校風のもと，新渡戸稲造や内村鑑三などキリスト教思想家を輩出している。1895年文部省に移管，1907年に，東北帝国大学農科大学と改称，1918(大正7)年この農科大学を中心に北海道帝国大学が設立された。

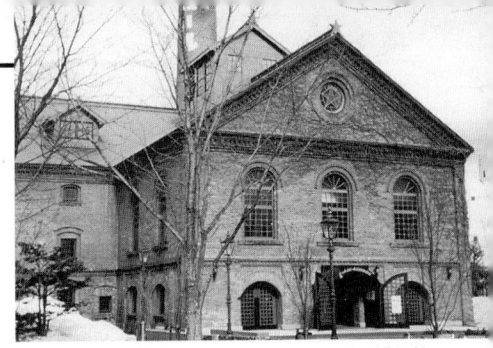

サッポロビール博物館

サッポロビール博物館　　　　　　　　　　　　▶コース⑤

- ◯札幌市東区北7条東9丁目(サッポロビール札幌工場内)
- ◯地下鉄東豊線東区役所駅下車15分，市営バスファクトリー線北8東7下車2分

ドイツでビール醸造を学び，開拓使麦酒醸造所の建設と運営を指導した中川清兵衛らのビールづくりへの挑戦の様子が模型でいきいきと表現されている。そのほかにも九州工場で使用されていた煮沸釜などが展示されている。また明治・大正・昭和から平成に至るまでに使用されたポスターも展示されており，歴史の推移をみるうえにおいて大変興味深い。

約40分間のコンパニオンの案内で，実際のビールの製造工程および使用されていた各種機械類の展示・模型・映像によって，ビールに関する歴史・科学・自然などを楽しく理解することができる。また見学コースをまわったあとは試飲ホールで生ビールを味わうことができる。

サッポロファクトリー　　　　　　　　　　　　▶コース⑤

- ◯札幌市中央区北2条東4丁目
- ◯地下鉄東西線バスセンター前駅下車5分，またはJR札幌駅下車12分

1876(明治9)年創業の開拓使麦酒醸造所を前身とするサッポロビール，その旧札幌工場第1製造所跡地の再開発により建設された。旧北海道庁赤れんが庁舎(国重文)と同じ赤レンガを一部保存する形でつくられたレンガ館，11スクリーンの映画館

などのはいった一条館，アウトドア・スポーツや雑貨，そしてヨーロッパで最初に白磁の焼成に成功して以来，世界中に名を馳せてきたマイセン社の磁器を展示した札幌マイセン美術館がはいっている二条館，レストランやインテリア・ファッション関係の三条館，ホテルやイベントスペースがある西館からなっている。なかでもレンガ館は往時をしのぶことのできる歴史的建造物である。レンガ館東側の煙突広場横には，操業当時のままの重厚でしっかりとした味わいを特徴とするビールを再現した札幌開拓使麦酒醸造所があり，当時使用されていた煙突をみながら地ビールを味わうことができる。

札幌本道　　　　　　　　　　　　　　　　▶コース㉒

江戸時代，日本海側の石狩から太平洋側の勇払までは石狩川や千歳川などの水路のみであったが，冬季の交通は結氷のためままならなかった。箱館奉行は1857(安政4)年，銭函から発寒・石狩をへて千歳に至る道路開削を幕府に申請し認められた。この年のうちに，松浦武四郎らが踏査し，銭函・星置，星置・島松，島松・千歳の3つの部分が開かれた。その後，1872(明治5)年，開拓使顧問のケプロンの指導で札幌・千歳間の大改修が行われた。北海道内の大交通路であったが，その後も整備は不十分で，第二次世界大戦後の進駐軍のジープも車輪が埋まり動けなくなることすらあった。1953(昭和28)年札幌・千歳間が北海道で最初に舗装され，弾丸道路と称された。

札幌本府　　　　　　　　　　　　　　　　▶コース⑥

19世紀初めの近藤重蔵以来，海防と蝦夷地開発の観点からイシカリ地域を蝦夷地の要地とする見解はみられたが，幕末の幕領期に至り，松浦武四郎は蝦夷地開発の政治・経済的機能をそなえた拠点として，札幌に建府すべき意見を箱館奉行に上申している。この見解は開拓使設置後も踏襲され，最初に具体化されたのが開拓判官島義勇による札幌本府建設事業であった。1869(明治2)年10月，島は銭函に到着し，豊平川西岸の扇状地

札幌村郷土記念館内部

を選定して本府建設に着手した。この時期には，方300間(約545m)の本府，官地・民地の設定，諸施設，火防帯などをそなえた都市計画が構想されていたようだが，物資，食糧の供給はとどこおり，一方で島の政策が専断とみられて翌年2月に東京へ召還されたことなどから，島の在任中にはほとんど実現しなかった。しかしその構想は引きつがれ，判官岩村通俊のもとで1871年より本府建設は本格的に再開，同年5月に開拓使庁が函館から札幌に移るとともに，今日の市街地の原型となる街路区画がなされていった。

札幌村 郷土記念館（さっぽろむらきょうど きねんかん）
→札幌市東区北13条東16丁目
→地下鉄東豊線環状通東駅下車5分
▶コース⑥

1955(昭和30)年に札幌市に合併した札幌村役場跡に，1977年開館。農機具，生活用具や地域信仰，村政，教育などの資料を展示・収蔵する。なかでも大友亀太郎関係資料，タマネギ生産関係資料は札幌市有形文化財に指定されている。

札幌村神社（さっぽろむらじんじゃ）
→札幌市東区北16条東14丁目1
→地下鉄東豊線環状通東駅下車4分
▶コース⑥

1900(明治33)年に札幌村の守護神として創建，翌年公認神社。かつては地名から元村神社ともよばれ，北14条東14丁目にあったが，区画整理事業により1971(昭和46)年，現在地に移転。明治30年代から大正期にかけては，この札幌村神社と同じく道内の多くの神社が，北海道開拓の守護神としての札幌神社(現，北海道神宮)から開拓3神の分霊をうけた時期である。また神

社が地方自治の要として位置づけられ，札幌でも明治30年代に整備・公認されたものが多い。

茶房あさの(浅野邸)
- 札幌市中央区南5条西8丁目
- 市電東本願寺前下車3分

▶コース③

浅野次郎右衛門が1913(大正2)年にたてた木造平屋建ての私邸を喫茶店として，1985(昭和60)年に開業。母屋の内庭に面した廊下と12畳半と10畳の和室を店として利用。奥の10畳の座敷はスギの柾目の高い天井，紫檀の立て柱，雪見障子など贅をつくしている。明治の面影を残す調度品も店内でみることができる。

鮫島宅亭
- 札幌市中央区南19条西7丁目
- 市電山鼻19条下車2分

▶コース④

旧名称を「広瀬宅待合」といい，茶会に招かれた客が待時間をすごすための建物である。前所有者の広瀬省三郎はかつて東洋第2位の産出量を誇った手稲金山を開発し富を得た。鉱山はのちに三菱鉱業に売却され，広瀬は神奈川県鎌倉に移った。

史跡飛鳥山(もと江別屯田公有地，旧競馬場)　▶コース㉑

- 江別市緑町2-11(飛鳥山公園内)
- JR江別駅中央バス野幌行青年センター下車3分

野幌丘陵の先端部は古砂丘としていくつか残っている。それらはたとえば対雁の坊主山，江別神社のある萩ヶ岡(神社山)であり，ここ飛鳥山である。飛鳥山の名は1887(明治20)年江別兵村に第3大隊本部が設置，第3大隊長として着任した野崎貞次少佐が名づけたという。ここは江別兵村の追給地(公有地)の一部で，江別神社の前身となる屯田神社がかつてここにあり，その神社祭で草競馬や催事が行われたという。その後，大正年間に公園化され，1928(昭和3)年には正式の競馬場となって地方競馬が開催された。1943年建立の江別兵村開拓記念碑や江別屯田兵村来住者名碑のほか，史跡もと江別屯田公有地／飛鳥山(旧競馬場)の標柱がある。

篠路駅周辺の倉庫群

島義勇像

篠路駅周辺の倉庫群

○札幌市北区篠路3条7丁目
○JR学園都市線篠路駅
　下車1分

▶コース⑬

1935(昭和10)年に開通した札沼線の篠路駅は、丘珠・篠路地区で生産されたタマネギを全国へむけて運ぶ出荷基地だった。そのため駅周辺には、軟石やレンガなどでつくられた農産物を貯蔵する倉庫が集中しており、札幌のほかの地域にはみられない独特の風景になっている。

島義勇　1822〜74年　　　　　　　　　　　　　▶コース⑥

佐賀藩士の家に生まれる。藩校弘道館で学び、23歳で諸国を遊学、水戸の藤田東湖らと親交があった。帰国後、弘道館目付、藩主鍋島直正の外小姓、江戸屋敷大広間詰を経て、1856(安政3)年に蝦夷地調査を命じられ、翌年にかけて箱館奉行堀利熙の一行に加わって東西蝦夷地・樺太を探索、『入北記』など多くの記録を残した。戊辰戦争従軍後、1869(明治2)年に藩主直正が開拓長官となると、島は蝦夷開拓御用掛、開拓判官に任じられ、厳冬期の札幌にはいり本府建設に着手した。しかし事業が進捗しないなか、場所請負制廃止を巡る開拓長官東久世通禧との対立もあり、わずか3カ月の在札で帰京を命じられた。1871年には秋田県権令となったが、政府と対立し免官となった。1873年、佐賀で不平士族の反政府活動が高まると、翌1874年、憂国党の党首に推され、征韓党の江藤新平とともに政府軍とたたかったが敗れ、刑死した。

定山渓郷土資料館内の展示品

定山渓郷土資料館　　　　　　　　▶コース⑪

◯札幌市南区定山渓温泉東4丁目
◯地下鉄南北線真駒内駅じょうてつバスじょうてつバスターミナル行終点下車1分

　1982(昭和57)年，定山渓小学校郷土博物館を現在地別棟に移転したもの。冬季は休館となるが夏季は無休である。定山渓小学校で見学の受付を行っている。定山渓の自然，開拓当時の生活用品，農具，定山渓鉄道の看板などが展示してある。

市立小樽美術館　　◯小樽市色内1-9-5　　▶コース⑰
　　　　　　　　　◯JR小樽駅下車10分

　小樽は，早くから経済と文化の拠点として発展し，すぐれた文化人も輩出した。また黎明期の北海道美術界で重要な美術運動がおこった地でもある。明治期の美術団体「羊蹄画会」は，東京美術学校在学の谷川昇，小寺健吉，工藤三郎の3人により，夏休みの帰省中に設立された。この会は，北大黒百合会が有島武郎の発案で札幌に誕生したのと同様，北海道でもっとも早い展覧会活動だった。羊蹄画会に刺激をうけた三浦鮮治は，「小樽洋画研究所」を設立し，小樽画壇の1つの拠点となっていった。やがて設立された「太地社」では公募展がはじまり，札幌と小樽の画家を結びつけるようになって活動は全道に広がった。各地の活動が団結して，1925(大正14)年，北海道美術協会(道展)が結成された。道展は現在でも評価が高く，道内画家の登竜門としても大きな役割をはたしている。

この建物は，旧郵政省小樽郵便貯金局だったが，小樽市分庁舎となり，その内部を改装して1979(昭和54)年市立小樽美術館・市立小樽文学館を開館した。2つの施設は内部でつながっており，企画展示などでは，1つのテーマを美術館・文学館双方の切り口で展示することもある。1階は，風景画家中村善策(なかむらぜんさく)記念ホールで，中村家寄贈の油彩画など関係資料の展示，2階は企画常設展示室で，小樽ゆかりの作家の作品を中心に展示している。3階は市民ギャラリーである。

市立小樽文学館(しりつおたるぶんがくかん) 　●小樽市色内1-9-5　　　　　　▶コース⑯
　　　　　　　　　　●JR小樽駅下車10分

　小樽文学史年表や写真・パネルなどによって文学者たちの足跡がわかり，収蔵資料の閲覧(えつらん)もできる。「これらの人々の文学は，明治開化以来の日本の近代化と軌を一にした〈北海道開拓〉とは果たして何であったかという問いを静かにあるいは鋭くなげかけ」ているという(「小樽文学館のご案内」より)。特別企画展や文学講座なども行われている。

新琴似神社(しんことにじんじゃ) 　●札幌市北区新琴似8条3丁目　　　▶コース⑬
　　　　　　　　●JR学園都市線新琴似駅下車6分

　新琴似神社は，1887(明治20)年に新琴似屯田兵村(とんでんへいそん)に入植した屯田兵第1大隊第3中隊の開拓の守護神としてまつられた。中隊本部の東方，浄泉の湧きでる地にあり，天照皇大御神(あまてらすすめおおみかみ)，豊受大神(とようけのおおかみ)，神武天皇(じんむ)を祭神(さいじん)としている。また境内(けいだい)には，東繁造君学勲碑(ひがししげぞうくんひ)，新琴似兵村記念碑，新琴似の馬魂碑，吹田晋平歌碑(すいたしんぺい)，新琴似「百年碑」など，新琴似出身の人物や歴史をしのばせる碑がある。

新琴似屯田兵中隊本部(しんことにとんでんへいちゅうたいほんぶ) 　●札幌市北区新琴似8条3丁目　　　▶コース⑬
　　　　　　　　　　　●JR学園都市線新琴似駅下車6分

　この建物は，1887(明治20)年に新琴似屯田兵村に入植した屯田兵第1大隊第3中隊の中隊本部として，1886(明治19)年に建設された。構造はアメリカ中西部の開拓期に流行したバルーン・フレーム構造を採用している。下士官集会室や中隊長室の窓は，

新琴似屯田兵中隊本部　　　　　　　　真宗大谷派札幌別院

南向きということもあってかガラス窓が多く、この時期のほかの洋式建築にはみられない手法である。中隊本部としての役目をおえてからも、地域の共有財産として使用され、1965(昭和40)年に札幌市へ寄付された。現在では開拓当時の農具などの資料を保管・展示している。

真宗大谷派(東本願寺)札幌別院　　　　　　　　　　　▶コース③

○札幌市中央区南7条西8丁目
○市電東本願寺前下車2分

　いわゆる札幌五大寺(中央寺〈曹洞宗〉、浄土真宗本願寺派札幌別院、経王寺〈日蓮宗〉、新善光寺〈浄土宗〉)の1つ。明治初期、神仏分離令(1868年)による廃仏毀釈が行われ、寺院設立が政府により却下されるような時期であった。東本願寺の札幌進出は、1869(明治2)年、東本願寺が政府に対し「新道切開・農民移植・教化普及」を願いでて、現如上人をこの三大事業の責任者として実施、1870年「勅賜東本願寺管刹地」として現在地が下賜された。翌1871年越後横越村の光円寺旧本堂を移築し本堂とし、1876年別院となり、1892年現在の本堂が完成している。1871(明治4)年には本願寺街道が完成し、中山峠に1968(昭和43)年現如上人像が建立された。

森林総合研究所北海道支所標本館　　　　　　　　　　▶コース⑨

○札幌市豊平区福住
○地下鉄東豊線福住駅中央バス福住3条9丁目行(羊が丘展望台行)福住3条9丁目下車10分

143 散歩事典

水天宮

174haの広さをもつ独立行政法人。標本館には樹木や樹木の種子標本、北海道の鳥類、哺乳動物そのほかの標本などが展示されている。4月から10月までの開館。

水天宮（すいてんぐう）
- 小樽市相生町3-1
- JR小樽駅中央バス小樽市内本線ほか 花園公園通下車6分、または小樽駅下車20分

▶コース⑲

1919(大正8)年に入母屋造の拝殿と流造の本殿が建築された。拝殿裏手には経度測定標と台形の旧樺太国境中間標石がある。経度測定標は、東経141度00分28秒・北緯43度11分24秒を示している。1904(明治37)～05年の日露戦争後、ポーツマス条約によって両国の国境が樺太の北緯50度に定められた。1906年6月から国境画定作業が開始され、同年11月には日本郵船小樽支店で日露国境画定会議が開催された。この丘を測量の基点として北緯50度線に天測境界標石4基・中間標石17基が設置されて、翌年10月に日露両国による作業が終了した。また、境内には石川啄木・三ッ谷謡村・河邨文一郎の3つの文学碑がある。本殿は市歴史的建造物。

杉野目邸宅（すぎのめていたく）
- 札幌市中央区南19条西11丁目
- 市電ロープウェイ入口駅下車15分、じょうてつバス南19条西11丁目下車5分

▶コース④

1933(昭和8)年、北海道帝国大学(現、北海道大学)の教授で、のちに北海道大学学長にもなる杉野目貞晴の住宅として建築された。木造レンガ造りで、設計は北大理学部や農学部本館など

住吉神社

を手がけた萩原惇正(はぎわらあつまさ)といわれる。イギリスのチューダー様式をもとにデザインされ，周囲に植えられた樹木と調和している。

ストーンサークル(環状列石(かんじょうれっせき)) ▶コース⑳

巨石記念物の一種。世界各地にみられるが，日本では縄文(じょうもん)時代後期から晩期にかけてのものが，北海道や東北地方に多く分布する。とくに北海道では道北をのぞいて各地で多数が確認されている。北海道のストーンサークルには，大型の立石列(りっせきれつ)を円形ないし楕円形に配置し，この区画内に敷石のほどこされた石棺(せっかん)状の墓壙(ぼこう)を有するタイプのものと，小規模な円形に配置された立石列の内側にさらに配石がほどこされ，その下部に墓壙を有するタイプのものなどがある。その形態から，やはり北海道に特有の周提墓(しゅうていぼ)(環状土籠(かんじょうどり))とともに集団墓地の一種とされる。

住吉神社(すみよしじんじゃ)
○小樽市住ノ江2−5−1
○JR南小樽駅下車3分 ▶コース⑲

大阪住吉神社の分霊をうけて1868(明治元)年に鎮座(ちんぎ)し，1892年 墨江(すみのえ)神社を住吉神社と改称した。海上の守護神をまつり，小樽の総鎮守(そうちんじゅ)としても広く信仰を集めている。社務所(市歴史的建造物)は1934(昭和9)年の建築。唐破風(からはふ)と千鳥破風(ちどりはふ)を重ねた玄関屋根をもち，客殿は格式ある造作である。例大祭は7月15日前後の3日間に行われ，御輿渡御(みこしとぎょ)や明治時代に新潟県から伝承された太々神楽(だいだいかぐら)が奉納される。住吉神社にある5基の御輿のうち，1基は道内三大御輿の1つ百貫御輿である。鎮守の森

清華亭

にはお囃子(はやし)が流れ参道には灯明(とうみょう)がともり浴衣(ゆかた)姿の人びとでにぎわう。境内(けいだい)には全国的な新興川柳運動を展開した田中五呂八(ごろはち)の句碑「人間を摑(つか)めば風が手にのこり」がある。

清華亭(せいかてい)
- 札幌市北区北7条西7丁目
- JR札幌駅下車10分

▶コース①

1880(明治13)年に開拓使(かいたくし)によって、札幌最初の公園偕楽園(かいらくえん)のなかに、貴賓(きひん)接待所として建設された和洋折衷(せっちゅう)様式の建物。豊平館(ほうへいかん)と同様、翌年にひかえた明治天皇の北海道行幸(ぎょうこう)準備のためで、開拓使の建築でありながらも、建物の外観に凹凸(おうとつ)の変化をつけたり、洋室には大きなベイウインドウ(張り出し窓)を採用し、入念な細工で飾ったりするなどのにぎやかなつくりになっている。翌1881年の行幸のおりに御休憩所となった。外観は洋風に統一されているが、内部は洋室に床の間様の棚を取りつけ、天井の中心飾りに桔梗(ききょう)模様(もよう)を採用するなど和風への意欲もみられる。1898年、対馬嘉三郎(つしまかさぶろう)に払い下げられてから個人住宅、さらに料亭、借家となり、荒廃の度合いが増していった。1930(昭和5)年歴史家の河野常吉の提唱で保存会がつくられ寄付をつのって清華亭を買い取り、1933年札幌市に寄贈された。またその際、敷地370坪(約1221㎡)も横山右衛門(うえもん)から札幌市に寄贈された。

1961年、札幌市文化財保護委員会から文化的にも歴史的にも価値の高い有形文化財として指定をうけ、1977年から綿密な調査のもとに大がかりな復元修理が行われた。

千古園

| セラミックアートセンター | ◯江別市西野幌114−5
◯JR野幌駅JRバス共栄線セラミックアートセンター前下車1分 | ▶コース㉑ |

「れんがとやきもの」をキーワードに,それらの歴史を展示・解説したれんが資料展示室や,小森忍の作品を中心にした北のやきもの展示室,レンタル工房,窯室や教室工房そのほかの施設をもっている。

| 千古園 | ◯江別市東野幌375・376
◯JR野幌駅JRバス共栄線植民社下車1分 | ▶コース㉑ |

バスをおりると,そこが史跡千古園。江別市の指定文化財第1号で,野幌原野(現,東・西野幌)の開拓をになった北越殖民社の2代目社長関矢孫左衛門の屋敷の一部で,殖民社を記念する史跡として公園化したもの。園内には孫左衛門自筆の「留魂」の碑や野幌独立移住民開拓記念頌徳碑などもある。また推定樹齢180年という江別市保存樹木のキタコブシもある。

北越殖民社は1886(明治19)年,新潟県長岡で創立され,新潟県10戸,島根県7戸の17戸を幌向原野西部の江別太(越後村)に入植させたのを嚆矢とし,その後1890年に新潟から94戸410人を野幌原野に集団入植させた殖民集団で,1898年には移住者も全戸数320戸,1550人となった。その後,第二次世界大戦後の農地改革によって解散するまで続いた,開拓に成功した数少ない民間団体である。なお,新潟県三条市八幡神社の伝統をうけた太太神楽も市の指定文化財となっている。

宗圓寺五百羅漢像

宗圓寺五百羅漢像
（そうえんじ ごひゃくらかんぞう）

➡小樽市潮見台1-19-10
➡JR小樽駅中央バス小樽市内線龍徳寺前下車15分，またはJR南小樽駅下車25分

▶コース⑲

　宗圓寺（曹洞宗）は，1630（寛永7）年に松前藩7代藩主公廣が先代の追善供養のため福山（現在の松前町）に建立したもので，1909（明治42）年に仏像ごと小樽に移転された。五百羅漢像（道有形文化財）は，1825（文政8）年に盛岡より招かれたといわれるが，室町時代から幕末にかけての広い時期の作品が含まれている。もっとも古い室町時代のものは11体，江戸時代のもののなかで「暉常」の銘のあるものが16体あり，初期には十六羅漢像の組み合わせで構成されていた可能性が指摘されている。「中国風の表現がなくいかにも日本的表現に一貫されていることは珍しく」「木像の古い羅漢像が500体全部揃っていることじたい全国的にも例がなく大変価値のあるもの」（宗圓寺パンフレット「小樽らかんの寺」より）とされている。拝観は春〜秋。

創成川
（そうせいがわ）

▶コース⑥

　中島公園付近で豊平川から取水し，北区茨戸へ流れる人工の水路で，街路区画の基軸となっている。札幌本府建設に伴い物資輸送路の確保が課題となり，1870（明治3）年，銭函と札幌を結ぶ運河建設が構想され，同年大友堀の北6条以北が琴似川まで（篠路口）掘り進められた。また南側も南6条まで水路がのび，1874年に豊平川からの取水口に水門が設けられた際，篠路口ま

大覚寺近くのヤチダモ　　　　　　　　大覚寺門前の仲通り(大友堀跡)

での水路が創成川と命名された。1886年には琴似川から茨戸までが開削され、今日の創成川の流路が完成した。さらに京都府知事時代に琵琶湖疎水建設を推進した北垣国道が1893年に北海道庁長官に就任すると、銭函方面と結ぶ運河建設が進められ、経路の一部となった創成川にも閘門設備が設けられるなどの改修が行われた。創成川水運は陸上輸送におされながらも昭和期まで利用された。

第一銀行小樽支店(現、トップジェント・ファッション・コア)

○小樽市色内1-10-21
○JR小樽駅中央バス本局前行終点下車1分　　　▶コース⑮

1873(明治6)年、日本最初の銀行として東京に設立された第一国立銀行が、1896年に普通銀行となり、第一銀行と改称され、1912(大正元)年、支店進出した。建物は1924年建設。かつては円柱などの外観をもっていたが、改修され現在に至る。

大覚寺

○札幌市東区北10条東11丁目10
○地下鉄東豊線環状通東駅下車20分　　　▶コース⑥

1904(明治37)年曹洞宗説教所として設立され、1907年寺号公称、1912(大正元)年に現在地の寄進をうけた。旧札幌村では最初の曹洞宗寺院である。

第百十三国立銀行小樽支店(旧 林屋製茶)

○小樽市堺町1-19
○JR小樽駅中央バス
本局前行終点下車1分　　　▶コース⑮

この銀行は、北海道資本としては最古の銀行で、1878(明治

11)年に函館で設立された。石造平屋建てにさきのとがった装飾がほどこされた寄棟瓦屋根という独特のデザインの建物は，支店開設に伴って1893(明治26)年にたてられた。小樽への進出後，普通銀行へ転換し，百十三銀行に改称された。業務拡大に伴い手ぜまとなったため，開設から15年後の1908年，100mほど於古鉢川よりの場所に，池田増次郎の設計により，斬新な五角形の2階建て木骨石造の新支店がたてられた。

第四十七銀行小樽支店(現，北海道紙商事) ▶コース⑮

- 小樽市色内1－6－25
- JR小樽駅中央バス本局前行色内1丁目下車すぐ

この銀行は中越銀行とならんで富山県に本拠をおいた銀行で，小樽と富山県の結びつきが深かったことをうかがわせる。2つの銀行は，いずれも同じ富山県の十二銀行に吸収合併され，1943(昭和18)年に北陸銀行となった。

高橋倉庫(現，グラス・シップ)，篠田倉庫(現，小樽海鮮省)，木村倉庫(現，北一硝子3号館)などの石造倉庫 ▶コース⑮

- 高橋倉庫＝小樽市色内1－2－17(中央バスおたる散策バス博物館前下車3分)，篠田倉庫＝小樽市港町5－4(中央バスおたる散策バス博物館前下車3分)，木村倉庫＝小樽市堺町7－26(中央バスおたる散策バス北一硝子前下車すぐ)

いずれも，第一次世界大戦当時の輸出入の急増や，1913(大正2)年にはじまる小樽運河の整備事業の推進を背景に大正年間に建築(木村倉庫は海産物倉庫として1891〈明治24〉年に建築)された。木村倉庫の北一硝子3号館としての再利用は，運河周辺の再開発と観光地化に大きな足跡を残した。

竹鶴政孝　1894～1979年 ▶コース⑳

ニッカウヰスキー株式会社の創設者。広島県竹原市に生まれる。大阪高等工業(大阪大学工学部の前身)の醸造科を経て大阪の洋酒メーカー摂津酒造に入社。国産のウイスキーをみずか

らの手でつくりたいという夢をいだき，1918(大正7)年3月から3年間，ウイスキーの本場スコットランドへ単身留学，その製造技術を学ぶ。帰国後，摂津酒造を退社し，1923年 寿屋(現，サントリー)に入社。同社の山崎工場の建設をささえ，その後の日本初の国産ウイスキーづくりで中心的役割をはたす。1934(昭和9)年3月同社を退社し独立，かねてよりウイスキーづくりに絶好の地と考えていた北海道余市に7月，「大日本果汁株式会社」を設立。1940年，ニッカウイスキーの第1号を世にだす。

橘　智恵子（たちばなち　えこ）　1889～1922年　　　　　　　　　　　▶コース⑥

　札幌区元村でリンゴ園を経営した橘 仁の娘に生まれる。庁立札幌高等女学校に学び，1907(明治40)年6月，函館の弥生尋常高等小学校の教師となった。同じころに同校の代用教員として採用された石川啄木は，智恵子の印象を「真直ぐに立てる鹿ノ子百合」と記している。同年8月の函館大火後，啄木は札幌へ去り，以後智恵子にあうことはなかった。1910年に，北村で牧場を営む北村謹と結婚。同年に刊行された啄木の『一握の砂』には22首の智恵子によせた歌があり，これを啄木は智恵子へも贈った。その後東京で肺をわずらい苦しい生活のなかにあった啄木へ，智恵子はバターを贈ったという。このことをよんだ啄木の歌「石狩の空知郡の牧場のお嫁さんより／送り来し／バタかな」が，『悲しき玩具』におさめられている。

タマネギ　　　　　　　　　　　　　　　　　　　　　　　　　　▶コース⑥

　札幌におけるタマネギ栽培は，1871(明治4)年に開拓使が札幌官園で試作を行ったことにさかのぼる。開拓使や札幌農学校の指導もあり，元村では明治10年代から栽培がはじまり，鉄道など輸送手段の確立や，リンゴ栽培の衰退に伴いその生産量は増加した。また栽培地域も元村から苗穂，丘珠，篠路，白石などへ広がっていった。日清・日露戦争期以後は需要が拡大して生産は増加し，札幌村をはじめとする札幌郡は，全国一のタマ

旧樺戸集治監本庁舎

月形潔像

ネギ産地となった。現在も生産が続く「札幌黄」と総称される品種で知られる札幌玉葱は、本州市場への流通とともに、1897年ころから第二次世界大戦前までは、ロシア極東・シベリア地域やフィリピンなどを中心に海外へも輸出されていた。

中越銀行小樽支店（現，銀の鐘）

○小樽市入船1-1-2
○JR小樽駅中央バスおたる散策　▶コース⑮
バス北一硝子前下車2分

この銀行は、富山県富山市に本店があり、1895(明治28)年に小樽に進出し、1912年、現在の場所へ営業拠点を移している。建物は1924(大正13)年にたてられたが、のちに改装されており、2階の雷文模様などが当時の面影を残している。ちなみに隣接する戸出物産は、富山県の製縫業者で、当時の小樽の経済と富山県の関わりが深かったことをうかがわせる。

月形 潔　1847〜94年　▶コース㉔

樺戸集治監の初代典獄。福岡藩出身。1877(明治10)年の西南戦争最後の戦いである城山の戦いでは官軍の警視隊として功績があったといわれる。その後、政府に反感をいだく国事犯や重罪人を収容すると同時に北海道開拓にも従事させる国内最大の監獄、樺戸集治監の建設に尽力し、初代の典獄(現代の刑務所長であるが、当時は警察署長や地域の行政も担当する絶大な権限を有した)をつとめ、集治監の土台を築いた。厳寒の地での激務によって健康を害し、1885年に典獄を辞任、その後故郷へ戻って療養したが若くして病没した。

手宮洞窟

　月形潔の樺戸郡須部都太の調査から，樺戸での集治監の開監，地獄のような労役で耕地や道路がつくられる開拓の風景，過酷な自然条件のなかで繰り広げられる看守と囚人たちの生死をめぐる壮絶なドラマを中心に，明治期の北海道の監獄の実態を克明に描いた記録文学として，1977(昭和52)年に発表された吉村昭の『赤い人』がある。

　なお，伯父の月形洗蔵は幕末の福岡藩の志士で，保守派に追われ藩を脱出してきた長州の高杉晋作をかくまい，また薩摩の西郷隆盛とも面識があったという。

手宮洞窟・小樽市手宮洞窟保存館　　　　　　　　　▶コース⑱

○小樽市手宮1－3－4
○JR小樽駅中央バスおたる散策バス交通記念館下車1分，または小樽駅中央バス手宮行・高島線手宮ターミナル下車10分

　手宮洞窟は，1866(慶応2)年，相模国から朝里地区のニシン番屋の建設にきていた石工の長兵衛によって発見された。この周辺は小樽軟石とよばれる凝灰岩が露出しているところで，建築用の石をさがしている途中で，洞窟内の岩壁に文様がきざまれていることを発見した。

　この彫刻は1878(明治11)年に，榎本武揚によって学会に紹介され，その後地質学者によって学術的な監察と報告がなされ，開拓使によっても調査が行われた。しかし，その後，洞窟の前面が削りとられたりそのうえを鉄道が敷設されたりしたため，明治の中頃から雨よけの庇をつけるなどの保存も行われてきた。

天徳寺屯田の木像さん

1921(大正10)年には国指定史跡となった。1949(昭和24)年にはブロンズによる模刻と保存覆屋の整備が行われ，1986年から10年の歳月をかけて手宮洞窟保存館が完成した。残念ながらこの彫刻の具体的な意味はわからないが，文字ではなく，人や動物を模写したと考えられている。年代は，およそ1600年前ごろの続縄文(ぞくじょうもん)時代中期～後半で，本州では弥生時代の終わりから古墳(ふん)時代の初めに相当する。続縄文時代とは，北海道では本州の弥生文化から鉄器を取りいれたが稲作は導入しえなかったことからつけられた呼称である。北海道では，弥生文化圏から金属製利器は恒常的に供給されるようになったが，気候的条件から縄文文化をそのまま継承した漁労，狩猟と将来に生活基盤をおく文化が展開された。気候条件が悪化する続縄文時代後期でもサハリンや東北地方とのあいだに頻繁な交流を行っていたことがわかっている。

国内では手宮洞窟のような彫刻は，余市(よいち)町のフゴッペ洞窟にしか発見されていないが，アムール川周辺やシベリアのサカチ・アリアン遺跡の岩絵にはほとんど同じような絵がみられるほか，中国・朝鮮半島にもみられたり，フゴッペ洞窟から出土した金属器や土器にサハリンや本州からきたと思われるものもあることから，日本海を囲む大きな文化の流れがあったことが推測される。

天徳寺(てんとくじ) ➔江別(えべつ)市野幌(のっぽろ)町49-1
➔JR野幌駅下車2分 ▶コース㉑

1885(明治18)年，鳥取，鹿児島，熊本，佐賀，石川県から

当別伊達記念館(左)と伊達邸別館

138戸,翌86年に鳥取,広島,山口の3県から87戸の合計225戸が入植して,北海道で5番目の野幌兵村(野幌屯田)が形成された。1885年は屯田兵制が陸軍省告示で拡張・改編された年であり,石川県以外は西日本からの士族の移住であった。その野幌兵村の寺として1902年創建されたのが天徳寺(浄土宗)である。本堂には日露戦争(1904～05)で戦死した出征兵士をかたどったという「屯田の木像さん」とよばれる野幌屯田兵を中心とした木像32体がある。それぞれの木像には所属と氏名が記されており,名古屋のからくり人形師玉屋庄兵衛作といわれる。また境内には33体の地蔵尊もある。

当別町開拓郷土館　◯石狩郡当別町末広118　▶コース㉔
　　　　　　　　　　◯JR石狩当別駅下車8分

　当別市街地から約40km奥地で発掘されたクジラの化石や,多くの貝類の化石,伊達山遺跡から発掘された数多くの石器・土器類(縄文時代早期～中期)などから,開拓期の生活道具,明治・大正・昭和と使用された木臼や鍬,鎌,足踏み脱穀機といった農具の数々が展示されている。また明治から昭和初期にかけての小学校の教科書類も目を引く。

当別伊達記念館・伊達邸別館　◯石狩郡当別町元町105　▶コース㉔
　　　　　　　　　　　　　　　◯JR石狩当別駅下車10分

　戊辰戦争で幕府側の東北諸藩は過酷な処分をされたが,旧仙台藩の支藩である岩出山藩も1万4640石から一挙に58.5石に減封され,家中の自活のため北海道移住をめざした。このときに

時計台

は亘理藩の伊達邦成が有珠(現,伊達市有珠町)に入植するなど,伊達氏一門の多くが北海道に新天地を求めた。

1871(明治4)年,岩出山藩主伊達邦直とその家臣団161人が,厚田郡聚富(現,厚田村大字聚富村)に入植した。しかし,強い浜風と砂地のために収穫がなく,ついに開拓を断念した。その後2回にわたる踏査の末,当別川流域の肥沃な地に180人の移住者を加えて移ったが,これが当別の始まりである。昼でも暗い巨木の密生する原始林を伐採し,道路をつくり,水害や冷害とたたかいながら開拓が進められた。

記念館には,当別町文化財にも指定されている伊達家ゆかりの遺品や資料が展示されている。邦直着用の陣羽織・火事装束をはじめ,打掛・振袖などの衣類,陶器や漆器などの食器類,化粧道具や18世紀の京都冷泉家からのものとされる源氏絵入り歌かるたのほか,火縄銃や刀剣類,棒秤やアイロンといった生活道具がならぶ。また1881年に開拓使からだされた石狩国石狩郡当別村の地券などの文書もみられる。

隣接する伊達邸別館は1880(明治13)年の建築といわれ,開拓期の村政執行のための諸会議に使用された建物の一部である。西郷従道農商務卿や樺山資紀警視総監などの政府高官や華族の視察の際の宿泊所にもなった。

時計台(旧札幌農学校演武場) ▶コース②

○札幌市中央区北1条西2丁目1
○地下鉄大通駅下車5分

1878(明治11)年に旧札幌農学校の演武場として，第2代教頭W・ホイラーの基本設計に基づき建設された。内部は1階が教室・実験室，2階が演武場・講堂となっていた。3階部分にあたる時計塔は，ホイラーが帰国したのち教頭に就任したD・P・ペンハローが計画を担当して1881年に付設されたものである。建物は，当時の米国中・西部開拓地の木造建築様式(バルーン・フレーム構法)を取りいれた飾りの少ない簡素な実用建築である。時計塔には，米国ボストン市のハワード時計会社製作の時打重錘振子式四面時計が設置された。現存する日本最古の時計塔として，創建時の姿のまま現在も歴史をきざみ続けている。現在内部は，札幌歴史館として開拓使の資料などが展示されている。

ところでこの時計塔の大きな振子を動かす原動力は，豊平川の石である。時計塔の重りには金属の丸棒や円盤が使われるのがふつうであるが，札幌の時計塔の重りには，豊平川の玉石がはいった木製の箱が使われている。これは，万一ロープが切断されたときに，大きな鉄の重りでは建物を破壊するが，木箱と石ではバラバラに飛散して被害が少なくすむからである。

屯田兵　　　　　　　　　　　　　　▶コース⑫

屯田兵とは，北海道の警備・開拓にあたった土着兵のこと。平時は農業を営みながら北海道の開拓を進め，戦時には軍隊を編成した。明治新政府は，ロシアの南下に対して領土の保全をはかり，また，殖産興業による近代化を進めるために，北海道開拓を重要課題と位置づけた。1869(明治2)年7月，版籍奉還が実施され，太政官制の諸省と同格の機関として開拓使が設置された。旧藩の解体が進められるなかで，士族の北海道移住が行われ，たとえば，伊達藩からは有珠，当別，室蘭，登別，札幌市白石など，北海道各地に入植した。

1873年に徴兵令が施行され，これによりさらに士族の没落が進んだ。北海道では徴兵令は施行されなかったが，かわって屯田兵制導入が黒田清隆開拓次官によって建議され，1875年に

東北3県および道内から募集された士族が最初の屯田兵として札幌近郊の琴似に入植した。これを皮切りに、1899年の士別まで、37の兵村が道内各地につくられた。琴似兵村には208戸が入村したが、青森県斗南藩と宮城県亘理藩の出身者が大半を占めている。斗南藩出身の人びとはもともと会津藩の人びとで、戊辰戦争で幕府側について敗れ、「賊軍」のあつかいをうけ、下北半島に新設された斗南藩に移住させられた。1877年に西南戦争がおこると、琴似と山鼻の屯田兵も召集されたが、「賊軍」のあつかいをうけた会津藩出身の人びとにとっては、これは名誉回復の機会となった。

中島公園 ➲札幌市中央区中島公園
➲地下鉄南北線中島公園駅、幌平橋駅下車すぐ ▶コース③

豊平川とその支流の鴨々川にはさまれた地域に広がる面積20.04haの市営都市公園。「日本の都市公園100選」に認定されている。鴨々中島とよばれていたが、1885(明治18)年、中島遊園地と公称され、その所属が翌1886年山鼻村から札幌区に編入されたのを機に風光明媚な地であることから遊園地として利用された。1911年中島公園と改称された。

園内には、各種の彫刻・碑・モニュメントがあり、ニセアカシア・ハルニレなど5000本余りの樹木が植えられている。また、1871(明治4)年に完成した鈴木元右衛門堀とよばれる2つの貯木池が前身の菖蒲池の水面に緑をうつしている。明治建築の豊平館ほか散歩のコースの諸施設もある。

中山久蔵 1823～1919年 ▶コース㉒

1871(明治4)年に当地に入植した河内国出身の中山は、当時道南をのぞき困難とされていた稲作を、1873年に暖水路をつくり、亀田郡大野村から取りよせた種籾を使うことで1反歩の水田での寒地栽培に成功した。その後、希望する人びとに対して赤毛種の種籾を無償で配給したことで、全国の穀倉でもある北海道稲作の発展に大きく貢献した。中山は、1884年にはこの地

で駅逓取扱を命ぜられている。

永山武四郎　1837～1904年　▶コース②

薩摩藩士，永山清左衛門・常子の4男として鹿児島で生まれ，1872(明治5)年北海道開拓使に出仕，屯田兵設置に尽力し，1888年第2代北海道庁長官，1896年第7師団長。この間，北海道の開拓，産業の発展に貢献し，とくに炭鉱の開発・鉄道の延長などにつとめた。1904年東京で死去したが，遺言により札幌の旧豊平墓地に埋葬された。32人いた北海道庁長官で唯一北海道に墓がある人物である。

南部忠平顕彰碑
➲札幌市中央区宮の森
➲地下鉄東西線円山公園駅下車30分
▶コース⑦

北海中学校出身。1928(昭和3)年の第9回アムステルダム・オリンピックで3段跳び4位，さらに1932年の第10回ロサンゼルス・オリンピックで3段跳び優勝。1964年に東京オリンピック開催に伴い，顕彰碑が建立された。

日蓮聖人座像
➲札幌市中央区南11条西9丁目
➲地下鉄南北線中島公園駅下車15分，幌平橋駅下車19分，市電中島公園通下車3分
▶コース③

日蓮宗豊葦山妙心寺は，1958(昭和33)年函館臥牛山妙心寺の別院として建立された。聖人像(1666〈寛文6〉年造立)は，千葉県市川市中山の中山法華経寺の所蔵であったが，1963年同寺の北海道別院である妙心寺の拡充に際し，遷座された。木彫・寄木造・玉眼・彩色，頭部は体軀に差し首となっている。像高87cm。数多くの日蓮聖人像のなかでも形が大きく，厄除けのために造立されたことが像の銘文によってあきらかである。

日露国境画定会議　▶コース⑱

日露戦争後，1905(明治38)年のポーツマス条約により，樺太(サハリン)の北緯50度より南半分が日本領土となったため，そ

ニッカウヰスキー余市蒸溜所

の国境線を定める作業が2年間かけて行われた。その打ち合わせ会議は数回行われ、小樽会議では1906年11月13日より日本郵船小樽支店会議室において翌年度の作業の順序方法などを協議した。国境線上には、標石を7〜10km間隔で21基設置した。

ニッカウヰスキー余市蒸溜所
○余市郡余市町黒川町7-6
○JR余市駅下車2分
▶コース⑳

正式にはニッカウヰスキー株式会社北海道工場という。1934(昭和9)年、大日本果汁株式会社(現、ニッカウヰスキー株式会社)の製造工場として建設された。1941年に石造りの本格的な建物群がつくられる。15万m²の敷地内には、蒸留棟や発酵棟・貯蔵庫、製樽工場など、実際の生産ラインのほかに余市町指定文化財である工場創立当時の事務所やウイスキーづくりのすべてがわかるウイスキー博物館、さらにはニッカ会館とよばれる総合施設などがつくられ、多くの観光客を楽しませている。

日本銀行 旧小樽支店
○小樽市色内1-11-16
○JR小樽駅バス本局前行 終点下車1分
▶コース⑮

建物の設計は、日本人の建築家として著名な工部大学校卒業生の辰野金吾らで、当時としては高額の約40万円の建築費をそそぎこみ、1908(明治41)年起工、1912年に完成した。しかし、日本銀行は近年の流通経済の変化、業務の合理化などを理由に2002(平成14)年9月支店業務を廃止した。建物は2003年春から金融資料館として公開される予定。

農学部第二農場模範家畜房　　　　　　　　　農業試験場旧庁舎

農学部第二農場模範家畜房(モデルバーン)　　▶コース①

○札幌市北区北18条西8丁目(北大構内)
○地下鉄南北線北18条駅下車10分

　旧札幌農学校は創設と同時に広大な附属農場を開いた。これはウィリアム・S・クラーク博士の構想のもと、北海道に大規模有畜農業をとりいれるためであった。農場には1877(明治10)年に模範家畜房(モデルバーン)、1879年に穀物庫・種牛舎が建設された。1909～11年にかけて施設3棟を現在地に移築、あらたに収穫室および脱穀室、秤量場、製乳所などの6棟を建設し、第二農場として整備された。バルーン・フレーム(風船構造)といわれる、いたって実用主義的な建築法でたてられた模範家畜房は1階が家畜房、そのうえの2階が乾草置場になっている。今はないが創建時には両妻面に斜路があって、馬車が直接2階にあがれるようになっていた。

農業試験場旧庁舎　　▶コース⑨

○札幌市豊平区羊ヶ丘
○地下鉄東豊線福住駅中央バス清田方面行ほか月寒営業所下車10分

　1906(明治39)年に月寒種牛牧場事務所として建設された。現在はないが、創建当初は南面全面にベランダやバルコニーつきの玄関ポーチをもつ壮麗な洋館であった。

場所請負制

　商場知行制から転化し、江戸時代中期以降主要となってい

八紘学園サイロ

く蝦夷地経営の形態。1696(寛文9)年のシャクシャインの戦いを機に本格的な商場知行制を確立した松前藩は,元禄期(1688〜1704)ころから運上金をとって商場の経営を商人にゆだねる場所請負制を行うようになる。享保期(1716〜36),これが広く一般化するなか,ついに18世紀半ばすぎには蝦夷地全体が商人の請け負うところとなっていく。また,このころになると本州における商品需要の変化とあいまって,その経営内容も変化し,アイヌとの交易から漁場での大規模な漁業生産活動が経営の主体となっていくが,その過程でアイヌは交易の相手から雇われ労働者に転化させられ,松前や東北地方からの出稼ぎ者も数多く投入されるようになる。

バチラー, J　1854〜1944年　　　　　　　　　▶コース①

1854(安政元)年イギリスに生まれたバチラーは,英国聖公会の祭司をつとめてキリスト教の伝道師として北海道を訪れた。その際,和人から差別され悲惨な生活を強いられているアイヌ民族の生活を知り,医療施設の設置やアイヌ子弟の教育のための学校の設置など教導扶助と地位の向上に尽力し,「アイヌの父」とよばれ敬愛された。また,アイヌに布教しながらアイヌ文化に熟達し,アイヌ語の辞典などアイヌ民族関係の著書40冊以上を出版するなど,文化的活動も積極的に行ったことでも知られている。北海道大学植物園にあるバチラー記念館は,居住していた邸宅を移設したもので,机・書棚・ベッドなど多くの遺品が保管されている。

八紘学園 (はっこうがくえん)	○札幌市豊平区月寒東2条14丁目 ○地下鉄東豊線福住駅下車10分	▶コース⑨

　創立者の栗林元二郎は明治末から大正初めにかけて秋田県雄勝郡から十勝の芽室に入植して成功し、道から移民招致係を命ぜられた人物である。栗林の提唱で北海道庁長官の認可を得て八紘学園が1930(昭和5)年に設立された。その後、北海道や拓殖銀行頭取の支援で広大な土地が確保され、1933年現在地に北1条の仮校舎から移転。翌年、文部大臣の認可を得、内務大臣斎藤実を総裁、北大総長佐藤昌介を初代学院長として八紘学院となった。現在は、学校教育法に基づき学校法人八紘学園北海道農業専門学校となっている。

　第二次世界大戦後、私学経営の資金造成のためつくられた花菖蒲園は北海道初であり、観光名所となっている。またこの周辺にあやめ野小学校、あやめ野中学校があるが、それはこの地のアヤメにちなんだものである。

八窓庵 (はっそうあん)	○札幌市中央区中島公園日本庭園内 ○地下鉄南北線中島公園駅下車5分	▶コース③

　江戸時代前期の大名・茶人である小堀遠州(1579〜1647)が、江州小室郷小室城内に晩年たてたと伝えられる茶室である。屋根の妻に荘子の「忘筌・大有宗甫老人」(理を悟って教えを忘れる境地)の扁額をかけてある。

　1919(大正8)年滋賀県長浜市の舎那院の境内から札幌市北4条西12丁目に移築され、1971(昭和46)年個人から札幌市に寄付され、現在地に再移築された。庭は、小堀遠州12代目の宗慶が遠州好みにつくったものである。庭には、京都の石屋が修学院離宮など全国各地の名灯籠を模した中島公園内の12基の灯籠のうち、隠れキリシタンに関係するという織部灯籠がある。灯籠の前の竹筒の水がそそぐ手水鉢には仏像が彫られている。

はまなすの丘公園 (おかこうえん)	○石狩市番外地 ○中央バス札幌ターミナル 　石狩行終点下車15分	▶コース㉓

　ここは石狩川河口左岸に形成された砂嘴の先端部約1.5kmに

八窓庵

わたる部分で,1991(平成3)年に公園としてオープンし,翌年には公園管理棟としてビジターセンターが開館した。ハマナスは6月下旬から7月上旬にかけて咲き乱れるが,そのほかの季節にもイソスミレにはじまりハマヒルガオ・コガネギクなど多くの花をみることができ,石狩浜の潮騒と心地よい風を感じることで都会の喧騒を忘れることができる空間である。はまなすの丘公園の入口にあるのが,1957(昭和32)年の松竹映画「喜びも悲しみも幾年月」の舞台となった石狩灯台である。この灯台は同映画がカラー作品のはしりであったため,色彩効果を考えて赤白模様に塗り替えられている。

灯台の建設当時には200mさきにあった石狩川河口は,同川による大量の土砂の運搬と海流の影響により,約1.5kmも移動しており,自然の驚異的な力を感ぜずにいられない。なお海水浴場のある浜(弁天町)の石狩樽川海岸線沿いには石狩浜海浜植物保護センターがある。

フゴッペ洞窟
➡余市郡余市町栄町87
➡JR余市駅中央バス小樽駅前行 栄町下車3分
▶コース⑱⑳

1950(昭和25)年,札幌から海水浴にきていた中学生によって発見されたこの遺跡は,翌1951年と1953年にフゴッペ洞窟発掘調査団により調査が行われ,国の史跡指定をうけた。土砂が堆積していた洞窟は調査によって奥行,高さとも7m程度まで開口し,土器や石器,骨角器などが発見され,同時に貝や動物の骨など多くの自然の遺物も発見された。さらに内部の壁面には

フゴッペ洞窟

一部が赤く彩色された200以上もの刻画が発見され，多くの注目を集めた。その後，壁面の風化が進み，1972年にカプセル方式の新施設によって保護され，発見された資料とともに通年で公開されている。

岩壁に刻画を残す洞窟遺跡は小樽市手宮洞窟とともに現在日本国内において対比されるものがない。200をこす刻画があり，それらは各区域ごとにおおよそ分けて描かれ，人が仮装したようなものから舟，魚，海獣，4本足の動物のようなものがある。角や翼で仮装した人像が多くシャーマンをあらわしたものと考えられ，なんらかの宗教的儀礼の場であったのではないかと考えられている。

古河記念講堂 ●札幌市北区北9条西7丁目
（北大構内） ▶コース①
●JR札幌駅下車14分

1907（明治40）年，札幌農学校が東北帝国大学農科大学となったのに伴い，1909年に林学科教室としてたてられたものである。新築にあたって古河鉱業所古河虎之助の寄付をうけたことから古河記念講堂と名づけられた。この建物は，左右両翼にマンサード式の屋根をおいたフランス・ルネッサンス風の建築である。中央2階の上げ下げ窓のうえには半円形のテルマエ窓というローマ時代の大浴場で使われた窓と同じ形のものがみられる。教室の片開き扉の桟は「木」，玄関の円形欄間のサッシや教室の両開き扉の桟は林学の「林」という字になっているなど，内部には随所に遊び心も隠されている。ルネッサンス風の堅い様式

古河記念講堂

に自在に変形を加えた建物には、なにしら親しみやすさが感じられる。

ヘルベチア・ヒュッテ ▶コース⑪

○札幌市南区 定山渓(じょうざんけい)
○中央バス定山渓湯の町小樽方面行札幌国際スキー場下車20分

道道小樽定山渓線の定山渓高原札幌国際スキー場より手前、股下山(またしたやま)の麓(ふもと)にある山小屋。収容人数12人、現在北海道大学山岳部が管理している。1927(昭和2)年、スイス人マックス・ヒンデル(1887～1963)の設計によるスイス式ヒュッテとして建設。1934年に北海道大学に寄贈された。なおヒンデルは、手稲山のパラダイス・ヒュッテ、空沼小屋(そらぬまごや)(旧秩父宮殿下(ちちぶのみや)ヒュッテ)とここのあわせて3つのヒュッテ建設にたずさわっている。

弁天歴史公園(べんてんれきしこうえん)

○石狩市弁天町38
○中央バス札幌ターミナル石狩行 ▶コース㉓
　石狩温泉下車3分

2000(平成12)年9月にオープンした石狩の歴史を感じることのできる公園。総面積4600m²の園内には運上屋(うんじょうや)をイメージした運上屋棟(観光案内所・トイレ・広場)があり、幕末のイシカリの再現ジオラマなども展示され、土・日・祭日には観光ガイド(10:00～15:00)が常駐している。

江戸時代、松前藩主直領地(まつまえ)のイシカリでは石狩河口にイシカリ十三場所が設置され、運上屋がおかれていた。運上屋は場所請負人の交易所(荷さばき所)であるが、十三場所の運上屋を統

ヘルベチア・ヒュッテ

括するものとして元小屋と呼称される運上屋がおかれ，支配人や通詞，番人などのほか，宿泊所もかねていた。また1870(明治3)年に開拓使の命をうけて開業した旧石狩病院和室を復元した「楽山居」や石狩市制施行記念のメモリアル事業の1つとして制作された「先人たちの碑」レリーフやサケ供養の碑もある。

豊平館　●札幌市中央区中島公園1−20
　　　　　●地下鉄南北線中島公園駅下車6分　　▶コース③

　1881(明治14)年8月30日から4日間明治天皇の北海道行幸の行在所にあてられ，この日が開館日となっている。のち，1911年皇太子(大正天皇)，1922(大正11)年摂政宮(昭和天皇)の行啓の宿泊所ともなった。

　内閣制度が発足した翌1886(明治19)年8月，第1次伊藤博文内閣の内務大臣山県有朋，外務大臣井上馨の来札時の宿舎・拠点として利用されている。「豊平館ハ札幌市内ノ中央ニ位シタル美麗ナル西洋風ノ建築ニシテ恰モ我東京ノ鹿鳴館ノ如シ」(『東京日日新聞』)，のち榎本武揚逓信大臣も合流し，豊平館で3大臣は岩村通俊北海道庁長官らから「道政務上一切ノ説明ヲ聞カ」(同新聞)れた。舞踏会が開かれ欧化政策の象徴となった鹿鳴館の開館が1883(明治16)年であるから，「鹿鳴館が豊平館の如し」といってもよいのかもしれない。

　内部の見どころとして，2階広間のシャンデリア，シャンデリアの上部を飾るメダリオン，三条実美筆の「豊平館」の扁額，梅の間(3天皇の御座所)，菊の御紋のある椅子などがある。

北漸寺(左)と境内にある月形潔の碑

北欧館パン博物館

●札幌市西区山の手6条1丁目
●地下鉄東西線琴似駅市営バス
　手稲営業所行発寒似橋下車1分

▶コース⑫

　パンの「北欧」の店舗2階に，19世紀ヨーロッパの製パン道具を中心としたコレクションが展示され，パンの歴史に親しめる博物館が設けられている。レストランでの食事やパン工場の見学も楽しめる。

北星学園創立100周年記念館

●札幌市中央区南4条西17丁目
●市電西15丁目下車10分

▶コース④

　1926(大正15)年にスイスの建築家 M.ヒンデルの設計によって北星女学校宣教師館としてたてられた。北星学園の前身である北星女学校当時の建物としては唯一の遺構である。1989(平成元)年の移転改修工事で，1階はライラック色，2・3階は芥子色，屋根と窓枠は緑色という創建当初の色遣いに戻された。

北漸寺

●樺戸郡月形町市南4
●JR石狩月形駅下車15分

▶コース㉔

　曹洞宗永平寺派。1906(明治39)年に集治監の囚人たちの手によって建立された。境内には，題字が西郷従道(隆盛の弟)，碑文が土佐藩出身で宮内大臣などを歴任した土方久元による初代典獄月形潔の碑がある。なお，初代住職の鴻春倪は，樺戸集治監初代の教誨師をつとめた。

ぽすとかん

ぽすとかん
(旧石山郵便局)
きゅういしやまゆうびんきょく

➲札幌市南区石山2条3丁目
➲地下鉄南北線真駒内駅じょう
　てつバス石山中央経由定山渓
　方面行石山中央下車2分

▶コース⑩

　札幌軟石の搬出路であった石山街道沿いに残っている軟石造りの代表的な建物で，1940(昭和15)年に建設され，1973年まで石山郵便局として使用されていた。アーチ型の玄関など，当時札幌で流行していた洋風石造建築の面影が残る。現在は個人事務所であるが，ギャラリーなど多目的スペースとして市民に開放されている。

北海道開拓記念館
ほっかいどうかいたくきねんかん

➲札幌市厚別区小野幌53-2
➲JR新札幌駅バス開拓の村行
　開拓記念館入口下車5分

▶コース⑭

　1971(昭和46)年に北海道百年を記念して設立された開拓記念館は，1992(平成4)年に常設展示を全面改訂し，時代ごとに北海道の自然，歴史を8つのテーマに分けて展示している。入口には，シンボル展示として樹齢100年をこえるアカエゾマツとエゾマツの樹木や切り株が展示されている。背後には「開拓」を表現した壁画もあり，巨木を切り倒して開拓を進めていった時期を想像させる。

　第1テーマの「北の大地」では，ナウマン象の化石を中心に旧石器時代から続縄文時代までの資料が展示され，第2テーマの「アイヌ文化の成立」では，アイヌの住居チセを再現したものを中心に展示している。ここでは，続縄文文化に続く擦文

北海道開拓の村　旧札幌停車場と馬そり。

文化が，本州の文化やオホーツク文化の影響をうけて，あらたにアイヌ文化へと変化していく様子がわかる。展示からは，アイヌの人びとが生活していくうえで，狩猟や採集だけでなく，周辺の人びととの交易が欠かせなかったことや，動物の魂を送る儀礼が重要だったことが知られる。第3テーマの「蝦夷地のころ」では，道南に移住してきた和人が勢力を拡大し，アイヌとの交易を独占していく過程を知ることができる。また，アイヌの人びとが江戸幕府や松前藩との関係のなかで，しだいに不利な立場にたたされてくることもわかる。

　第4テーマの「近代のはじまり」では，お雇い外国人や開拓使の資料を展示し，北海道に近代産業が育成されていく様子がわかる。第5テーマ「開けゆく大地」では，原野を切り開いていった開拓の様子や，囚人やタコといわれた労働者などに道路の敷設などの過酷な労働をさせていたこと，また漁業や地下資源の開発が進んでいったことがわかる。第6テーマ「不況から戦争へ」では，大戦景気と北海道博覧会で活発化した北海道の経済が，恐慌によって下降線をたどっていったことや，アジア・太平洋戦争に参加していった北海道の人びとや戦争によって被害をうけた地域のことを知ることができる。第7テーマ「戦後の北海道」では戦後の北海道の暮らしにかかわる展示がみられる。第8テーマ「新しい北海道」では，ビデオ上映でこれからの北海道がやるべきことを伝えている。

北海道神宮

| 北海道開拓の村
(ほっかいどうかいたく むら) | ➔札幌市厚別区厚別町小野幌50−1
(あつべつ)(こ のっぽろ)
➔JR新札幌駅JRバス開拓の村行
終点下車1分 | ▶コース⑭ |

1983(昭和58)年4月に開村した開拓の村は，明治・大正期に建築された北海道内の建築物を移設し展示した野外博物館である。市街地群には29の建築物があり，開拓の村の入口に設置された旧札幌停車場とビジターセンターとして利用されている旧開拓使札幌本庁舎は再現したものだが，それ以外の建築物は移築してきたものである。漁村群には海にみたてた池のまわりに，小樽，羽幌(はぼろ)でニシン漁を営んだ2棟の漁家住宅がある。山村群には，旧札幌農学校の恵迪寮(けいてき)や旧札幌師範学校の武道場，また野幌(のっぽろ)森林公園の自然林のなかに4棟の建物が展示されている。農村群には，屯田兵屋(とんでんへいおく)や牧畜，養蚕などが行われていた8棟の建物が展示されている。また，村内を夏は馬車鉄道，冬(土・日・祝日)は馬そりで見学することもできる。

| 北海道神宮
(ほっかいどうじんぐう) | ➔札幌市中央区宮ヶ丘474
(みやがおか)
➔地下鉄東西線円山公園駅下車20分
(まるやまこうえん) | ▶コース⑦ |

1869(明治2)年に開拓判官島義勇(はんがんしまよしたけ)が，北海道開拓の守護神として天皇から拝受した開拓3神を奉じて札幌にはいり，カムイの霊地とされていた円山の山麓(さんろく)に社地を定めた。島判官が召還(かん)されたのち，判官岩村通俊(みちとし)によって神社が建立され，当初は札幌神社と命名された。神社は札幌の中心大通にむかって北面している。通常，神社は南面してたてられるが，札幌神社の場合，地形にもっとも適したつくり方であるとともに，南下して

くるロシアにそなえるために北面にしたとも考えられる。1964(昭和39)年には，明治天皇の神霊を迎えて北海道神宮と改称し，社殿も竣工した。1974年にその10周年事業の1つとして，円山に社地を決定した島義勇像が建立された。

北海道大学植物園博物館　　　　　　　　　　　　　▶コース①

○札幌市中央区北3条西9丁目(北大植物園内)
○地下鉄南北線さっぽろ駅下車12分，JR札幌駅下車17分

　この博物館の歴史は，開拓使が1877(明治10)年に偕楽園内に設置した仮博物場にはじまり，1882年に現在の建物が札幌牧場内に新築された。建物は明治初期の代表的な洋式建築物で，ところどころ星形マークがきざまれているが，これは開拓使の建築物であることを物語っている。1989(平成元)年には，倉庫・事務所・鳥舎・便所・門衛所とともに国の重要文化財に指定され，建物とその周辺は大正末期～昭和初期のたたずまいに復元・整備されている。

　博物館には，明治初期に札幌で捕獲されたヒグマやエゾオオカミなどすでに絶滅したり稀少になった野生動物の剝製や，南極で犬ゾリ隊として活躍した樺太犬タロの剝製などが展示されている。また，日本の地質学の基礎に貢献したB.S.ライマン収集の岩石・鉱物コレクションなど学術的に貴重な標本350点も展示されている。博物館の入口右手の石臼は，アメリカ人ホーレス・ケプロンが輸入した，わが国初の輸入製粉器の石臼である。ケプロンは寒冷地である北海道には稲作は適さないと考え，小麦製粉によるパン食と酪農の振興を開拓次官であった黒田清隆に進言した。そして札幌器械場が創設されたが，この石臼はそこで使用されたものである。

北海道大学植物園北方民族資料室　　　　　　　　　▶コース①

○札幌市中央区北3条西8丁目(北大植物園内)
○地下鉄南北線さっぽろ駅下車10分，JR札幌駅下車15分

　北方民族資料室は1988(昭和63)年に開設され，北海道，サハ

北海道大学植物園博物館旧館　　　　　　　　北海道大学構内

リン(樺太)，千島列島などの広い地域で古くから生活をしてきたアイヌ民族やサハリンの先住民ニヴフ(ギリヤーク)，ウィルタ(オロッコ)の生活や文化に関する実物資料が展示されている。展示室はアイヌのチセ(家)をイメージして設計されており，室内中央に炉，一番奥にヌサ(祭壇)がつくられている。

　開拓使が明治初期に収集した資料は，現存する国内アイヌ資料のなかでもっとも古いコレクションの1つである。これらを中心に昭和初期にかけて収集された学術的に大変貴重な資料が多く収蔵・展示されている。とくに重要民俗文化財である北海道アイヌの丸木船やシマフクロウの祭壇，千島アイヌの鳥皮衣やテンキ(小物入れ)，樺太アイヌの笠や魚皮衣，クラカエアザラシの毛皮でつくられたニヴフのコートなどは，国内でもほとんどみられないきわめて珍しい資料である。

北海道大学総合博物館　　●札幌市北区北10条西8丁目(北大構内)　　▶コース①
　　　　　　　　　　　　　●JR札幌駅下車16分

　旧理学部本館の建物が現総合博物館である。この建物は，北海道大学キャンパスに現存する鉄筋コンクリート建築のなかでもっとも古い。竣工した1929(昭和4)年当時としては道内でもっとも先進的な近代建築で，外装は茶褐色のスクラッチタイルなどがほどこされ，モダーンゴシック風の様式である。中央階段吹抜け天井の四方には，フランス人陶芸家が制作したフクロウ・ヒマワリ・果物・コウモリ(それぞれ夜・昼・朝・夕を意味)の直径1mほどのレリーフが飾られているが，これ

には科学研究には夜も昼もないという意味がこめられている。またこの一隅はアインシュタイン・ドームと名づけられているが、これは理学部創設の予算請求を文部省にだした1922(大正11)年にアイシュタイン博士がノーベル物理学賞を受賞、特別ゲストとして北大に招く動きがあった(実現はしていない)ことに由来すると思われるが、命名者は不明である。

北大には約9000万年前の大形恐竜の化石、イギリスの動物学者ブラキストンが津軽海峡に動物地理上の分布境界線を提唱するに至った本州や北海道で彼自身が採集した255種、約1300点もの鳥類標本や、明治時代から現在まで北極から南極に至る世界中の海域や淡水域から採集された膨大な魚類標本のコレクションなど、約400万点もの世界的に貴重な学術標本や資料が所蔵されている。これら学術資料の集約とその情報を学内外に発信提供するため、理学部研究棟の新築移転構想の進展に伴い解体されるはずであった本館は、1999(平成11)年総合博物館として再利用されることとなった。

北海道大学附属図書館北方資料室　　　▶コース①

○札幌市北区北10条西6丁目(北大構内)
○地下鉄南北線18条駅下車13分

北海道のほか、樺太・千島列島・アリューシャン列島・ロシア極東地方・シベリア・アラスカ・北氷洋など北太平洋とユーラシア北部の全域にわたる文献が網羅的に収集管理されている。内容的には、北海道関係図書を中心にアイヌ、千島、樺太、シベリア関係史料などの和書、報告書などのパンフレット類、シベリア関係図書を中心とした洋書、江戸時代の蝦夷地関係旧記などの写本類、簿冊、一枚物などの場所請負人旧家文書、蝦夷地古地図・図類、開拓使外国人関係書簡、明治期の北海道関係写真、アイヌ語音声資料など7万2000点以上にのぼる。

北海道炭礦汽船(北炭)　　　▶コース⑱

1889(明治22)年、国より幌内炭山(現、北海道三笠市)と鉄道

(幌内より小樽市手宮まで)の払下げをうけて北海道炭礦鉄道会社として創業した。その後夕張炭鉱(現,夕張市),空知炭鉱(現,歌志内市)など続々と炭鉱を開発し,あわせて道内の鉄道網の充実をはかった。さらに,小樽・室蘭などの港湾設備を整備し,海運業にも進出した。1906年,鉄道国有法により鉄道部門が国に買いあげられたため,石炭海運業の性格をいかして社名を現在の北海道炭礦汽船株式会社に改めた。

このころから経営の多角化がはじまる。1907年,イギリスの兵器会社2社との共同出資により,室蘭市に株式会社日本製鋼所を設立。第二次世界大戦における日本海軍の軍艦をはじめ,鉄鋼兵器会社として知られている。1909年室蘭市に輪西製鉄所を設立し,製鉄・鉄鋼の銑鋼一貫体制をめざした。この間,電気事業・林業・製材・窯業,観光事業・不動産業にも進出した。戦中は軍需工業の発展により増産が続けられ,北海道は福岡県とともに強制連行された朝鮮人労働者が多く,1944(昭和19)年以降は坑内員の6割近くを占めたと推定されている。戦後も国の傾斜生産方式により増産をはかり,最盛時18炭鉱・従業員2万5000人を有していた。1955年以降はエネルギー革命の影響で合理化へ移行した。

そのなか,低コストの石炭を求めて1970年夕張新鉱の開発に着手し,1975年,出炭がはじまるが,1981年,ガス突出事故のため翌年閉山。その後,1989(平成元)年に幌内炭鉱,1995年に空知炭鉱が閉山し国内全炭鉱の生産をおえた。1977(昭和52)年の映画「幸福の黄色いハンカチ」で,ありし日の夕張新鉱をみることができる。1995年に会社更生法の申し立てを行い,翌年更生計画の認可をうけて,現在再建中。

北海道知事公館 ●札幌市中央区北1条西16丁目　　▶コース②
●地下鉄東西線西18丁目駅下車7分

現在の知事公館のある一帯は1892(明治25)年,森源三が払下げをうけ,1915(大正4)年に三井合名会社に売却した。三井では森邸宅を役員迎賓クラブとして使用していたが,1936(昭和11)年にイギリスの田園住宅風の建物を迎賓用の三井クラブと

北海道知事公館

して新築した。1953年から知事公館として使用され、1974年から市民にも開放されるようになった。建物はハーフティンバーとよばれる木造住宅様式で、漆喰の壁に木の柱や梁の骨組みをそのままあらわにしている。玄関の尖りアーチの入口や、張り出し窓上の「四葉飾り」などイギリス後期ゴシックの形式も使われている。なお5万7000m²にもおよぶ広大な敷地の半分が環境緑地保護地区であり、公館構内北側は一般公開の開放区になっており、散策路もある。

北海道庁旧本庁舎(赤れんが庁舎, 開拓使札幌本庁舎跡)

○札幌市中央区北3条西6丁目
○JR札幌駅下車10分、または地下鉄南北線さっぽろ駅　▶コース②
　下車5分

　北海道庁旧本庁舎(赤れんが庁舎)は、アメリカ・マサチューセッツ州議事堂をモデルにして、1888(明治21)年に150万枚の道産レンガを使って完成したネオバロック様式の美しい洋風建築である。この建物の外観は正面中央に玄関があり、左右対称である。1階は玄関ホールの正面に赤いじゅうたんを敷いた3連アーチのある階段を設けている。これは、開拓使がアメリカから学んだ洋風庁舎の影響といえる。赤れんがでいちばん目を引くのは、中央の八角ドームであろう。この八角ドームはもとの設計計画にはなかったが急遽つけ加えられたもので、高さ12mほどの重いレンガの壁をささえるべき下部構造が存在しないままたちあげるという無理な構造だったため、完成の数年後

北海道庁旧本庁舎

には撤去(てっきょ)されてしまった。つまり，長い間，赤れんがはドームなしの無粋(ぶすい)な姿だったのである。今ある八角ドームは，1968(昭和43)年に開道100年を記念して，修復をした際めだたぬように鉄筋コンクリート構造で脚部をささえ復元したものである。

北海道鉄道技術館(ほっかいどうてつどう ぎじゅつかん)

➲札幌市東区北5条東13丁目
➲JR苗穂(なえぼ)駅下車15分，または市営バス苗穂北口線東営業所行苗穂工場前下車5分

▶コース⑤

　鉄道技術館のあるJR苗穂工場は1909(明治42)年12月に札幌地区の車両検修を行う目的で，鉄道院北海道鉄道管理局札幌工場として設立されたものである。技術館は当時工場の倉庫として使用されていたレンガ造りの建物である。開館日時は第1・3土曜日の午後に限定されているが，なかにはD51型の先頭部分，北海道初の特急列車「おおぞら」に使用されたキハ82の先頭部分，旧鉄道工場のプレート，エンジン模型など鉄道関係の貴重な資料が展示されているほか，「振り子でTRY」という鉄道模型運転シミュレーターで列車の運転を疑似体験できる設備もあり，鉄道ファンのみならずおおいに楽しむことのできる施設である。

北海道農業試験場(ほっかいどうのうぎょうしけんじょう)(現，北海道農業研究(ほっかいどうのうぎょうけんきゅう)センター)

➲札幌市豊平(とよひら)区羊ヶ丘(ひつじがおか)
➲地下鉄東豊線福住(ふくずみ)駅下車20分

▶コース⑨

　北海道農業試験場のある羊ヶ丘地区は当時焼山(やけやま)といわれた西

岡の一部で，通称「種羊場（しゅようじょう）」とよばれていた。1906(明治39)年，当地に農商務省種牛牧場として創設され，その後月寒種羊場（つきさっぷたねひつじじょう）、滝川種羊場月寒分場を経て1931(昭和6)年に農林省種羊場となり，日本の種羊場として大きな役割をはたしてきた。1946年には同月寒種畜牧場（つきさむ）と名称がかわり，乳牛・綿羊（めんよう）・ブタ・ヤギ・ウサギ・キツネなどを繁殖した。1949年，同種畜牧場は廃止され翌年から「農林省（農林水産省）北海道農業試験場」として北海道農業の発展にかかわる基本問題について研究が行われ現在に至っている。1959年，同試験場の牧場の一部1万7797m²に，観光地整備の一環として札幌観光協会によって開設されたのが羊ヶ丘展望台である。なお，月寒種羊場は1934(昭和9)年に札幌市電気局が観光遊覧バスの運行を開始したときから観光コースに組みこまれている。

北海道（ほっかいどう）への移住者（いじゅうしゃ） ▶コース㉒

北海道の地名をみると，白石（しろいし）・伊達（だて）・福井・山口・広島などの本州の地名が多い。それは，北海道が本州各地から多様な移民を大量に導入したことが1つの理由である。政府は，先住のアイヌに対して，1899(明治32)年に北海道旧土人保護法を定めて，保護の名のもとにそれまでの開拓使の行ってきた同化政策（かいたくし）を継承しながら，大量の本州からの移民を招いた。明治前半期は士族移民（屯田兵（とんでんへい）を含む）がほとんどだったが，明治20年代にはいると，農民の移民が多くなった。月寒村（つきさっぷ）にはいった広島団体，漁村・島松村（しままつ）にはいった山口団体などがその例である。

北海道酪農義塾（ほっかいどうらくのうぎじゅく） ▶コース㉒

1933(昭和8)年，昭和恐慌（きょうこう）に伴う農業恐慌や冷害・凶作のなかで，向学心に燃える農業青年に酪農や農業の指導者としての教育を行うため，黒沢酉蔵（くろさわとりぞう）が中心になって設立し，1936年に社団法人として認可された。1942年には興農義塾野幌機農学校（こうのうぎじゅくのぽろきのう）（甲種農学校），のちの野幌機農高校（現，とわの森三愛高校（あい））が認可され，1960年，日本最初の酪農専門の単科大学（酪農学

北海道立近代美術館

園大学)に発展した。

| 北海道立
近代美術館 | ○札幌市中央区北1条西17丁目
○地下鉄東西線西18丁目駅下車6分 | ▶コース② |

　合掌造をモチーフとした傾斜と白いタイルが特徴的な建物である。特設展室には北海道出身や在住作家の作品,パスキンとエコール・ド・パリの画家たちの作品,ガラス工芸を中心に展示している。アールヌヴォーの代表的人物,エミール・ガレや岩田藤七のガラス工芸品は必見である。

| 北海道立自然公園
野幌森林公園 | ○札幌市厚別区厚別町小野幌
○JR森林公園駅下車20分,
またはJR新札幌駅バス開拓
の村行野幌森林公園下車1分 | ▶コース⑭ |

　札幌市・江別市・北広島市にまたがる広さ2051haの大規模な公園は,北海道の名称がはじまってから100年目を記念して1968(昭和43)年に道立自然公園として整備された。園内には北海道百年記念塔,北海道開拓記念館,北海道開拓の村などの施設がある。また,たくさんの散策路が設置され,野鳥や野生動物などの自然観察にも適している。なお1970年に完成した北海道百年記念塔は,高さ100m。その建設費の約半分は道民の寄付である。

| 北海道立文学館 | ○札幌市中央区中島公園1－4
○地下鉄南北線中島公園駅,または
幌平橋駅下車7分 | ▶コース③ |

1995(平成7)年開館。常設展では，130年余の歴史のなかで北海道を舞台に誕生した文学作品に関する同館所蔵の資料のなかから800点を展示。明治・大正期，昭和期と時代別の展示，北海道の詩，北海道の短歌・俳句・川柳，北海道の児童文学，アイヌの口承文芸などジャンル別に展示されている。企画展が年何回か開催される。閲覧室では，収蔵資料の閲覧や道内各地の同人誌，おもな総合雑誌・文芸誌の閲覧も可能である。

北海道立埋蔵文化財センター　▶コース⑭

- 江別市西野幌685-1
- 地下鉄東西線新さっぽろ駅バス文京台循環線くりの木公園前下車3分

1999(平成11)年から常設展示の公開をはじめた北海道立埋蔵文化財センターは，北海道の埋蔵文化財の発掘調査を行い，文化財の保護，活用を目的として設立された。大きな黒曜石が展示された入口をはいると，ホールは図書閲覧コーナーになっており書籍，ビデオを閲覧できる。ガラス張りの廊下からは，北海道の各地で産出される黒曜石の違いを知ることができる外部展示をみることができる。常設展示室は旧石器文化からアイヌ文化までの道内で発掘された資料を，土や石，鉄などの素材ごとに分けて展示していたり，縄文時代の千歳市キウス4遺跡を再現したジオラマが展示されている。

北海道立三岸好太郎美術館　▶コース②

- 札幌市中央区北2条西15丁目
- 地下鉄東西線西18丁目駅下車10分

シュールレアリズム画家三岸好太郎(1903～34)のアトリエをイメージしてたてられた白壁の美術館。札幌出身の三岸は，画壇デビューからわずか10年の創作活動期間ながら，日本の近代美術史に大きな足跡を残し，31歳で夭折した。美術館には「檸檬持てる少女」や「立てる道化」「オーケストラ」「飛ぶ蝶」など初期の作品から，晩年に超現実主義を志すまでの70点余りの作品を，作風の変化を示す年代順に展示・紹介している。2階には資料展示室や図書コーナーがあり，彼の遺品やパネルが展示

北海道立文書館別館

されている。

北海道立文書館（ほっかいどうりつもんじょかん）	○札幌市中央区北3条西6丁目（赤れんが庁舎1階） ○JR札幌駅下車10分，地下鉄南北線さっぽろ駅下車5分	▶コース②

　文書館には開拓使設置前の函館奉行所時代から1886(明治19)年の北海道庁設置までの公文書，北海道の歴史に関する文書など，24万点におよぶ史・資料が保存されており，閲覧室で実際に手にとって利用できる。

北海道立文書館別館（ほっかいどうりつもんじょかんべっかん）	○札幌市中央区北1条西5-1-2 ○地下鉄大通駅下車7分	▶コース②

　1926(大正15)年，札幌で本格的な図書館としてたてられた建物である。基壇のうえにジャイアント・オーダーとよばれる，縦溝つきの太い円柱をたて古典様式を基調としながら，入口の額縁（がくぶち）や窓まわり，玄関庇（ひさし）の持ち送りなどの幾何学的な装飾には，19世紀末期，過去様式からの分離を標榜（ひょうぼう）したウィーン派の新建築デザイン運動(セセッション)の強い影響があらわれている。

ポーツマス条約（じょうやく）　　　　　　　　　　　▶コース⑱

　1905(明治38)年，米国大統領T・ルーズベルトの斡旋（あっせん）で，米国のポーツマスで小村寿太郎（こむらじゅたろう），ウィッテにより調印された。内容は，①日本の朝鮮における優越権の承認，②遼東半島租借（りょうとうはんとうそしゃく）

本願寺街道跡碑(右)と旧簾舞通行屋(黒岩家)

地, 長春・旅順間東清鉄道などを清国の同意を得て日本へ譲渡, ③北緯50°以南の樺太および付属の島を日本へ譲渡, ④日本海, オホーツク海, ベーリング海のロシア領地沿岸における漁業権の日本国民への許与, などであった。日本もロシアもこれ以上戦争を継続できないという事情をかかえたうえでの条約だったが, 事実を知らない国民は日本の大勝利を信じ, 賠償金を含むさらに有利な内容を期待したために不満が爆発し, 日比谷焼き打ち事件を引きおこしたとされる。

本願寺街道跡碑
◯札幌市南区簾舞
◯地下鉄南北線真駒内駅じょうてつ
バス東簾舞下車8分
▶コース⑪

二星岱山麓南側にある石碑。1988(昭和63)年, 簾舞地区の本願寺街道跡を示すため, 簾舞通行屋保存会が1989(平成元)年に建立した。本願寺街道は, 1870(明治3)年, 弱冠19歳の東本願寺現如上人を中心に, 札幌と函館を結ぶ重要道路として開削がはじめられたものである。とくに現在の伊達市尾去別から札幌平岸までの全長104km(道幅約2.7m)の工事区間にもっとも力がいれられ, 中山峠をこえる山間渓谷難所続きの工事も, 1年3カ月の突貫作業によって翌1871年に完成した。有珠新道とも虻田新道ともいわれ, 現在の国道230号線の原形となるものであった。豊平区平岸2条18丁目の平岸通沿いにある澄川墓地の一角に, 本願寺街道終点碑がある。

本龍寺
◯札幌市東区北14条東15丁目30
◯地下鉄東豊線環状通東駅下車3分
▶コース⑥

本龍寺　　　　　　　　　　　　　　　圓山開村記念碑

　1881(明治14)年寺号公称。日蓮宗。大友亀太郎が開拓者の精神的支柱として1867(慶応3)年に妙見堂を建立したことにはじまり、当時以来の妙見菩薩像がまつられている。また、大友亀太郎ゆかりの品(筆、掛軸など)も伝えられている。

松浦武四郎　1818～88年　　　　　　　　　　▶コース㉒

　伊勢国出身の北方探検家。長崎で北方の事情を聞いて関心を強め、1845(弘化2)年から東西蝦夷地・北蝦夷地・国後島・択捉島を探検した。1855(安政2)年には幕府の蝦夷地御用掛に起用され1856～58年には再度蝦夷地の探検を行った。その後いったん職を辞したが、1869(明治2)年、開拓使判官に任用され、北海道の道名・国・郡名などを選定したが、明治政府のアイヌ同化政策に同調できず、翌年辞任した。

円　山　　●札幌市中央区円山
　　　　　●地下鉄東西線円山公園駅下車80分　　▶コース⑦
　　　　　　(山頂まで)

　標高226mしかない小さな山だが、頂上からの展望がよく、片道1時間程度でのぼれるため、休日には子どもやお年寄りがハイキングなどをして楽しんでいる。円山の登山コースはいくつかあるが、大師堂からのコースが一般的である。1914(大正3)年に円山地区の開拓に尽力した、上田万平・善七兄弟が円山に登山道を開き、その登り口に大師堂をつくり弘法大師をまつった。登山道の途中には、大師に縁のある四国八十八カ所にちなんで88体の観音像が安置された。石像のなかには円山以外

の地区の人びとの寄進が記されており，広く札幌一円の人びとの信仰も得ていた。本来，円山がモイワ(小さな岩山)というアイヌ語で呼称されていたものが，札幌の開府とともにその呼び名が現在の藻岩山に移ってしまったという。

| 圓山開村記念碑 | ○札幌中央区北1条西23丁目
　(円山会館前)
○地下鉄東西線円山公園駅下車10分 | ▶コース⑦ |

1890(明治23)年に円山開村20周年を記念して円山小学校の校庭に建立されたが，1928(昭和3)年に円山公会堂(現，円山会館)前に移転した。この地区は1870(明治3)年に山形県から，翌年に岩手県などから入植し，開墾した。

| 円山公園内の石碑 | ○札幌市中央区宮ヶ丘3
○地下鉄東西線円山公園駅
　下車15分 | ▶コース⑦ |

円山公園内には多くの記念碑がある。公園内北側の北1条通りからの入口には岩村通俊之像がそびえ，南側の裏参道側には島判官紀功碑がある。裏参道を渡った坂下グラウンド裏には，逓信従業員殉職碑や北海道方面委員慰霊碑などのさまざまな慰霊碑がある。北海道神宮の境内にはいると，本殿脇に島義勇像がそびえ，裏参道方面への道の途中には樺太開拓記念碑が，裏参道の脇には白野夏雲の顕彰碑など，さまざまな石碑をみることができる。

・樺太開拓記念碑　1973(昭和48)年に，樺太からの引揚者たちが建立。樺太開拓に尽力した先人をたたえ，慰霊の想いがこめられている。碑の背面には，江戸末期の松前藩統治から1945(昭和20)年のソ連軍侵攻までの樺太の歴史が記されている。

・白野夏雲の顕彰碑　北海道神宮6代目宮司白野夏雲は，1890(明治23)年に札幌神社(現，北海道神宮)の宮司になり，神社の発展につくしたが，1899年に病死した。この碑は，故人をしのんで1899年に円山地区の人びとにより建立された。

・島判官紀功碑　開拓使判官で札幌開拓の礎を築いた島義勇の顕彰碑で1930(昭和5)年に建立。正面上部の篆字は島のもと

の藩主鍋島直映(なべしまなおてる)が書いたもの。

・遞信従業員殉職碑　1930年に当時の三等郵便局長連合会が建立。北海道の郵便事業は1872(明治5)年に函館(はこだて)に郵便役所ができたことにはじまり,以後開拓が進むにしたがって道内各地へとのびていった。しかし,吹雪などのきびしい自然条件のなかで命をおとした郵便職員も多数いた。なお,1957(昭和32)年に郵政関係の戦没者の慰霊祭を記念して,石碑に「英璽簿(えいじぼ)」をおさめる場所がつくられた。

・北海道方面委員慰霊碑　1936(昭和11)年に天皇の北海道行幸(ぎょうこう)を記念して建立。北海道委員は今の民生委員に相当し,第二次世界大戦後は児童委員もかねた。

・殉職消防員之碑　1968(昭和43)年に自治体消防20周年を記念して建立。

・北海道鉄道殉職碑　1880(明治13)年から北海道の鉄道にたずさわり殉職したものをまつる慰霊碑。1913(大正2)年に苗穂(なえぼ)に建立されたが,1954(昭和29)年に鉄道80周年記念事業の1つとして移転された。

水上邸(みずかみてい)

○小樽市住ノ江(すみのえ)1丁目
○JR南小樽駅下車3分

▶コース⑲

1932(昭和7)年に歯科医院として建築され,現在は個人の住宅である。1階がホールと住宅,2階が診察関係の部屋だったという。美しい飾りをもつ円柱,アーチ形に囲まれている玄関と2階ベランダ,3つのアーチ形小窓が印象的で建物正面はツタにおおわれている。

三井銀行小樽支店(みついぎんこうおたるしてん)

○小樽市色内(いろない)1-3-10
○JR小樽駅中央バス本局前行
　終点下車1分

▶コース⑮

明治政府との関係によって三井は北海道各地に派出所を開いたが,小樽派出所は1892(明治25)年に支店に昇格した。現存する建物は,1926(大正15)年起工,1927(昭和2)年竣工(しゅんこう)の鉄筋コンクリート造り地下1階,地上2階建てで,設計は建築家として著名な工部大学校卒業生の曾禰達蔵(そねたつぞう)であった。しかし,こ

藻岩山と宮の森ジャンプ競技場

こで営業していた三井住友銀行も、近年の流通経済の変化、業務の合理化などを理由に2002(平成14)年11月支店を閉鎖した。建物は取り壊さないで売却する予定。

三菱銀行小樽支店(現，北海道中央バス第2ビル)

- 小樽市色内1-1-12
- JR小樽駅中央バス本局前行終点下車1分

▶コース⑮

三菱銀行は1922(大正11)年に小樽に進出した。そのときに新築されたのがこの建物で、地上4階、地下1階の鉄筋コンクリート造りである。内部は非公開。

宮の森ジャンプ競技場

- 札幌市中央区宮の森1条18丁目
- 地下鉄東西線円山公園駅市営バス荒井山線宮ノ森シャンツェ前下車

▶コース⑧

札幌オリンピックでの70m級ジャンプで、日本の金銀銅メダル独占という快挙の舞台。この競技場は、大倉山よりひとまわり小さなジャンプ台で、大倉山は観光スポットとして多くの人でにぎわっているが、宮の森では静かに過去の栄光をあたためながら、明日の表彰台をめざして若い選手が黙々と飛び続けている。

宮部金吾記念館

▶コース①

- 札幌市中央区北3条西8丁目(北大植物園内)
- 地下鉄南北線さっぽろ駅下車11分、またはJR札幌駅下車16分

宮部金吾は札幌農学校2期生として新渡戸稲造・内村鑑三ら

無辜の民像　　　　　　　　　　　　　明治天皇御駐蹕之地記念碑

とともに学び,のちに東大,ハーバードの学位をうけ母校に奉職,北海道・千島(ちしま)・樺太(からふと)を踏破(とうは)し北辺の植物研究にたずさわり,植物園の初代園長として尽力した人物である。この記念館は,かつて宮部金吾が講義・研究をしていた札幌農学校植物学教室を移設し,ながく園長室・園事務所として利用していた建物の一部である。

無辜の民像(石狩(いしかり)開拓者慰霊碑)(むこのたみ・かいたくしゃいれいひ)

◯石狩市弁天町(べんてん)石狩浜
◯中央バス札幌ターミナル石狩行終点下車25分　　▶コース㉓

北海道がうんだ世界的彫刻家本郷新(ほんごうしん)(1905〜80)の代表作の1つ。高さ2m,横1.5m,幅3mの大作として神奈川県箱根(はこね)彫刻の森(こくもり)美術館主催の第2回現代国際彫刻展に出品された。開拓に命を捧(ささ)げた人びとを思い制作されたもので,台座には「この地に生き,この地に埋もれし,数知れぬ無辜の民の霊に捧ぐ」ときざまれている。1981(昭和56)年に除幕された。北海道の大自然をこよなく愛し,ヒューマニティーにあふれた本郷の熱い思いは1970(昭和45)年に「無辜の民シリーズ」15点の連作となって結実した。無辜の民とは「罪なき人々」という意味で,北海道開拓の雄志をいだきながらその志をはたせずになくなった人びとの魂に捧げられたもので,生きる自由を奪われた悲しみが伝わってくる作品である。なお札幌市中央区宮の森には本郷新記念館(札幌彫刻美術館)がある。

明治天皇御駐蹕之地記念碑　　　　　　　　　　▶コース④

- 札幌市中央区南14条西10丁目(山鼻小学校校庭)
- 市電行啓通下車15分，または市バス・じょうてつバス南14条西11丁目下車すぐ

　1881(明治14)年9月に明治天皇が行幸されたのを記念して，1928(昭和3)年に建立された。なお，中島公園から山鼻小学校前をとおり山鼻へむかう南14条の通りを「行啓通り」とよぶが，これは1911(明治44)年に当時の東宮殿下(のちの大正天皇)がこの通りを行啓されたことを由来としている。

もったいない博物館　　　　　　　　　　　　　▶コース⑲

- 小樽市住ノ江1-7-25
- JR南小樽駅下車3分

　ひと昔前，身のまわりにあった生活用品がみちがえるようにセンスアップしてならんでいる。実際に手にとってみることができ，家具や衣類などに昔の人たちがもっていた生活の知恵を発見する。たしかに古くなったものを捨ててしまっては「もったいない」という気になる。

元江別1遺跡土壙墓出土品　　　　　　　　　　▶コース㉑

　元江別1遺跡は，江別インター線道路工事に伴い，1979(昭和54)・80年に，旧豊平川(世田豊平川)河畔にあって野幌丘陵北西縁部に連続してある後藤遺跡・元江別2・10・11遺跡とともに発掘調査された。当遺跡からは，縄文時代中期の住居跡・土壙墓・陥穴，続縄文時代前期の墳墓群，近世アイヌ期の土壙墓が確認された。とくに続縄文時代前期末(1800年前ごろ)の墳墓は遺跡の南・北端から41基，深鉢形土器などの土器類や石鏃や石斧，敲石などの石器類，碧玉管玉や琥珀玉などの玉類など，総計4000点以上の副葬品を伴って発見された。そしてこれらの副葬品は1995(平成7)年に国指定重要文化財となった。続縄文文化期の道南から道央にかけては，東北の弥生式土器の特徴をもつ恵山式土器が使用されているが，このころの元江別1遺跡の墳墓群からも土器，石器，琥珀・碧玉の玉

類が出土し,重要文化財に指定されている。また,石狩低地帯の江別を中心に,江別市内の多くの遺跡から出土している文様の豊かな土器を江別式土器と呼称しているが,これは1700年前ごろの続縄文後期にあたる。

当遺跡のある野幌丘陵縁部のならびには続縄文時代集落跡の旧豊平川河畔遺跡(江別チャシ所在地)や江別式土器文化の墳墓群である坊主山遺跡も所在し,旧豊平河畔遺跡からは防寒の工夫のある舌のような張り出しのある竪穴住居跡が発見されている。また坊主山遺跡から出土した江別式土器は江別市の指定文化財となっている。これらの土器は全道および千島・樺太,宮城,新潟まで広がっているが,こうした江別式土器をつくりだした人びとが江別文化の担い手と考えられる。

森ヒロコ・スタシス美術館

○小樽市緑1-16-33
○中央バス山手線市民会館通下車,またはJR小樽駅下車15分　　▶コース⑲

銅版画家の森ヒロコとリトアニア生まれの画家・版画家のスタシスの作品を主とし,東欧作家の作品が多く紹介されている。

安田銀行小樽支店(現,北海経済新聞社)　▶コース⑮

○小樽市色内2-11-1
○JR小樽駅中央バス本局前行色内1丁目下車1分

1880年(明治13)年設立の安田銀行は,地方の国立銀行とも関係をもち,1897年の恐慌後,第一・三井とならぶ大銀行となった。大正末期から昭和初期にかけて,同行営繕組織の設計により,小樽・函館・盛岡・福島・横浜・梅田・神戸などの新しい支店ビルが,ほとんど同じスタイルでたてられた。小樽支店の建物は,1930(昭和5)年の建築。粗い石積みの外壁と重量感のある円柱が特徴。内部は非公開。

彌永北海道博物館

○札幌市北区北19条西4丁目
○地下鉄南北線北18条駅下車3分　　▶コース①

博物館は郷土史や貨幣史の研究家である彌永芳子が私財を投

彌永北海道博物館　　　　　　　　　山鼻記念館

山鼻兵村開設碑

じて1985(昭和60)年に完成したもので，彼女が会長をしていた北海道貨幣史研究会の研究成果である貨幣関係資料や砂金関係資料・鉱石，黄金工芸品，またアイヌ民族資料やアンモナイトの化石など幅広い展示内容となっている。とくに9000万年前(白亜紀)の陸ガメの化石は彌永自身が大夕張白金川上流で発見したもので，日本初の貴重な資料である。

山鼻記念館　　　　　　　　　　　　　　　　　　　　▶コース④
　●札幌市中央区南14条西9丁目
　●市電行啓通下車10分，または市バス・じょうてつバス南14条西11丁目下車3分

　山鼻地区に入植した屯田兵の資料(開拓当時の生活用具や写真など)を多数展示。現在の東・西屯田通の入植から発展の様子が地図などの資料をもとにうかがえる。

山鼻兵村開設碑　　　　　　　　　　　　　　　　　　▶コース④

　●札幌市中央区南14条西10丁目(山鼻公園内)
　●市電行啓通下車15分，または市バス・じょうてつバス南14条西11丁目下車すぐ

　1894(明治27)年に山鼻地区への屯田兵村開設20年を記念してたてられた。開設者240人の名が記された副碑もある。石材は札幌軟石を使用し，題字は当時の屯田兵司令官である永山武四郎が書いたものである。背面の碑文には山鼻屯田兵の由来と様子が記されている。なお，碑のかたわらには，1957(昭和32)年建立の「創基八十一周年祭」記念碑もある。

湯川公園(ゆかわこうえん)

➲江別市野幌 寿町19(えべつ のっぽろことぶき)
➲JR野幌駅下車16分,または中央バス
江別4番通線湯川公園前下車1分

▶コース㉑

4番通に面するこの公園は,屯田兵(とんでんへい)として1886(明治19)年に広島から入地した湯川忠継(ただつぐ)(戸主千代吉(ちよきち))の給与地跡が整備されたもので,公園内には1977(昭和52)年,2代目の隼夫(はやお)が使用していたものから復元した屯田兵屋(とんでんへいおく)がある。屋内には農具その他日常品も展示され,共同井戸の跡も残されている。野幌屯田兵村の場合,渡航費・鉄道運賃は無料で,支度料,旅費支度料,駄賃(だちん)・運搬費が支給され,兵屋は間口5間,奥行3間半,建坪17.5坪(約57.8m²)の新築兵屋が支給されたという。野幌兵村の兵屋は和式木造切妻平屋の琴似(ことに)兵村型(へいそん)に変更を加えたもので,その後の江別兵村,篠津(しのつ)兵村とは異なる。ただ,ここの復元兵屋には「煙出(けむだ)し」があるが,本来の兵屋にはないという指摘もある。また支給家具は鍋大小2個,椀(わん)3組,手桶(ておけ)1荷,小桶大中2個1組,担桶(にないおけ)1荷,夜具に農具であった。なお野幌兵村に電灯が点灯したのは,1926(大正15)年6月30日のことである。

雪印乳業史料館(ゆきじるしにゅうぎょうしりょうかん)

➲札幌市東区苗穂町(なえぼ)6-1-1
➲JR苗穂駅下車15分

▶コース⑤

史料館は1975(昭和50)年に雪印乳業の創立50周年を記念してたてられた。1階は北海道の広々とした牧場風景の広がる待合室となっており,2階へのぼる階段部分には各国で使用されているカウベル(牛の首にかける鈴)がつるされており,音色の違いを確かめることができる。2階には創業当時に使用されていた各種の機器が展示されており,バター・チーズ・アイスクリームについては全工程が本物そっくりに動く精巧な模型で,製造工程をみることができる。3階には乳牛の血液が乳になるまでの仕組みが電光で示されており,バイオコーナーでは受精卵移植をはじめとするさまざまな研究の成果が展示されている。また,長野オリンピックで金メダルを獲得したスキージャンプの原田選手が使用したスキー板や公式ジャンパーなどの展示も行われている。なお見学の際には前日までに電話予約をして時

間を決めることが必要である。料金は無料。

雪印バターの誕生記念館　　　　　　　　　▶コース㉒

○札幌市厚別区上野幌1条5丁目
○地下鉄東西線新さっぽろ駅バス柏葉台団地行上野幌中央公園下車6分

　雪印乳業発祥の地でもある旧宇納牧場製酪所の仮工場(北海道製酪販売組合)で，1925(大正14)年に，アメリカで酪農の技術を学んだ佐藤貢が初めてバターをつくった場所である。ちなみに佐藤は，1923(大正12)年に札幌で雪印アイスクリームの前身となる自助園アイスクリームを発売したことでも有名である。現在，記念館となっているこのバター製造所は，1981(昭和56)年に復元されたもので，3層構造の3階は従業員の宿舎，2階が製造所，地下は沢の湧水を利用した冷却施設となっていた。これはバター製造の原料クリームを貯蔵雪なども利用して冷却するものであった。1926(大正15)年にバター製造工程は現在の雪印工場がある苗穂に移されたが，ここの製酪所では1937(昭和12)年ごろまでチーズが製造されていた。

雪祭り記念館
○札幌市豊平区羊ヶ丘1
○地下鉄東豊線福住駅バス羊ヶ丘展望台行終点下車すぐ　　　　　▶コース⑨

　1950(昭和25)年に市民の冬のイベントとしてはじまった雪まつりの歴史を当時の写真やジオラマで概観することができる。雪まつりは，札幌観光協会がよびかけて札幌市，北海タイムス社などが支援する形ではじまったが，冬に戸外にでることの少ない市民のレクリエーションと景気の冷えこむ2月の景気刺激策としてのねらいがあった。最初は，札幌市や市教委が市内の学校に協力を求め北海高校・札幌東高校・札幌西高校・札幌向陵中学・札幌啓明中学の5校がそれぞれ3～5mの高さの大雪像をつくった。開催は2月18日の1日だけであったが(現在は2月上旬に1週間)，歌謡コンクールやスクエアダンスなども企画され，5万人という予想外の人出を記録した。その後順調に発展し現在は海外からも多くの参加者を招く一大イベント

余市宇宙記念館「スペース童夢」　　　　　　　　　　　　　　林檎の碑

になっている。

**余市宇宙記念館
「スペース童夢」**　　○余市郡余市町黒川町6－4
○JR余市駅下車5分　　　　▶コース⑳

　体験型総合学習施設として1998(平成10)年4月にオープンした。日本最初のNASA宇宙飛行士毛利衛氏が，1992(平成4)年にスペースシャトル・エンデバー号において行った宇宙実験や日本の宇宙開発をになうNASDA(宇宙開発事業団)の活動紹介のほか，宇宙望遠鏡の大型模型などが展示されている。さらに無重力空間での疑似体験やバーチャル宇宙旅行なども行うことができる。

よいち水産博物館　　○余市郡余市町入舟町21
○JR余市駅中央バス梅川車庫
　行余市町役場前下車10分　　▶コース⑳

　北海道百年地域記念事業の一環として1968(昭和43)年に建設された。近世に，この地方へさまざまな物資や文化を運んだという弁財船の3分の1のミニチュア，ヨイチ場所を請け負った場所請負人林家の関連資料，明治時代の定置網漁の様子を描いた木版画，親方の日用品や宴会で使われた大皿，ニシン漁で使われた漁労具やその当時の生活道具などの生活資料が展示され，ニシン漁がもたらした文化の一端をみることができる。また併設の歴史民俗資料館には北海道指定有形文化財の天内山遺跡出土遺物や大川遺跡出土遺物，そのほか中世の陶磁器や刀装金具，さらにアイヌ関係資料も展示されている。

林檎の碑
りんご ひ

➲札幌市東区北11条東12丁目15
➲地下鉄東豊線環状通東駅下車10分

▶コース⑥

1884(明治17)年にこの地に入植しリンゴ栽培を手がけた橘仁をしのんで、1986(昭和61)年に建立された。元村街道周辺は、明治初期以来リンゴ生産が盛んな地域であった。しかし明治末から大正ころにかけて病害虫の被害が広がり、この地域のリンゴ栽培は衰退してしまった。碑には「石狩の都の外の／君が家／林檎の花の散りてやあらむ」と、石川啄木が仁の娘智恵子によせてよんだ歌もきざまれている。

和光荘
わ こう そう

➲小樽市潮見台2－4－1
➲JR小樽駅中央バス小樽市内線龍徳寺前下車10分

▶コース⑲

1922(大正11)年に、北の誉酒造の経営者野口喜一郎が自宅としてたてたもの。バルコニーのある瀟洒な白亜の建物で、4層の和洋折衷の豪邸である。大正天皇御宿泊の和室や日本庭園、総ヒノキ造りの仏間がある。内部はシャンデリアやステンドグラス、サンルームの噴水と贅をつくし優雅である。小樽を代表する豪邸のひとつといわれる。見学は外観のみで、内部は公開されていない。

渡辺淳一文学館
わたなべじゅんいちぶんがくかん

➲札幌市中央区南12条西6丁目
➲地下鉄南北線中島公園駅、または幌平橋駅下車7分

▶コース③

渡辺淳一は1933(昭和8)年北海道に生まれ、札幌医科大学講師であったが、1969年作家専業となるべく上京、翌年、『光と影』で第63回直木賞を受賞した。1997(平成9)年刊行の『失楽園』は、テレビ放映や映画化され、大ベストセラーを記録した。

文学館は、1998(平成10)年大王製紙の文化支援事業の一環として開館。2階のメイン展示室は、幼少期から現在までの写真パネル、直筆原稿などを展示。特別展示室は、1年に3回渡辺淳一の企画による1つのテーマにしぼった展示をしている。1階図書室には、全著作が年代順に取りそろえられ、地下1階の講義室では、映像化された作品、講演などを常時上映している。

あとがき

　本書では，札幌・小樽の歴史を理解していただくために，周辺市町村も散歩のなかに取りいれた。

　札幌を中心とする石狩圏は，幕末のロシア接近のなかで，樺太経営の前線基地としてクローズアップされた。明治時代となり北海道の内陸部を含めた開拓がすすめられ，札幌に開拓使本庁が置かれて政治・経済の中心となり，小樽はその外港として発展する。エネルギー源としての石炭採掘が空知地方で始まると，輸出港として小樽の手宮を起点とした幌内鉄道敷設となり，日本最初の横浜・新橋間の開業に次ぎ，1880(明治13)年には手宮～札幌間が，2年後には幌内(現，三笠市)まで鉄道が開通した。1905年に日露戦争が終結し樺太南部が日本領土になると，樺太開発の基地として小樽はさらに発展し，金融機関が集中し「北のウォール街」と呼ばれるようになる。

　屯田兵による開墾と，囚人労働での幹線道路の開鑿，これをベースとしながら内陸部の植民政策が展開される。全国から集められた多くの貧農を中心とする開拓農民は，多くが小樽・札幌を経由して内陸部に入植していった。

　北海道農業は日本の食料基地として日本経済を支えてきた。その中心は酪農と稲作である。酪農は開拓使の大農場経営政策のなかでスタートし，札幌農学校関係者によって育てられ発展した。それに比べて稲作は，開拓農民の悲願として寒地に適した地米の開発という苦闘のなかで育てられてきたのである。

　本書は，道内の高等学校日本史教師の有志が執筆した。郷土の歴史的環境は，身近な事例を作業的・体験的に生徒に学習させるにもっとも相応しいものである。本書の執筆は教師の郷土学習の結果であり，「生涯学習」実践の記録でもある。

　最後に，ご協力賜りました皆様に心からお礼を申し上げます。
　2002年12月

　　　　　　　　　　　　　北海道高等学校日本史教育研究会
　　　　　　　　　　　　　　　会長　江本　嘉敏

札幌市・小樽市および周辺の博物館施設など一覧(五十音順)

※は祝日の翌日休館

〔札幌市〕

名称	所在地・電話番号	休館日など
イシヤ・チョコレートファクトリー	〒063-0052 西区宮の沢2条2丁目 ☎011-666-1481	年末年始, 有料
エドウィン・ダン記念館	〒005-0015 南区真駒内泉町1 真駒内中央公園 ☎011-581-5064	水・11月4日〜4月末日, 無料
遠友夜学校記念室	〒060-0054 中央区南4条東4丁目 札幌市中央勤労青少年ホーム内 ☎011-241-8439	年末年始, 無料
樺太関係資料展示室	〒060-0003 中央区北3条西18丁目 北海道庁別館 ☎011-612-0125	土・日・祝・年末年始, 無料
旧札幌農学校演武場 時計台	〒060-0001 中央区北1条西2丁目 ☎011-231-0838	月※・年末年始, 有料
札幌ウインタースポーツミュージアム	〒064-0958 中央区宮の森1274 ☎011-631-2000	毎月最終火・年末年始, 有料(中学生以下無料)
札幌芸術の森	〒005-0864 南区芸術の森2丁目 ☎011-592-5111	4月29日〜11月3日無休, 月※・年末年始, 無料(野外美術館有料)
札幌市環境局清掃部資料室	〒004-0003 厚別区厚別東3-1 厚別清掃工場内 ☎011-897-1751	土・日・祝・年末年始, 予約, 無料
札幌市下水道科学館	〒001-0045 北区麻生町8丁目 ☎011-717-0046	月※・月末の火※・年末年始, 無料
札幌市交通資料館	〒005-0011 南区真駒内東町1丁目	開館日(雪まつり, 夏休み, 5

名称	所在地・電話番号	休館日など
	☎011-513-5216	月〜9月の日・祝・第2と第4土），無料
札幌市写真ライブラリー	〒060-0032 中央区北2条東4丁目 サッポロファクトリー・レンガ館 ☎011-207-4444	月(祝日のとき開館)・毎月第3火・年末年始，無料
札幌市資料館(旧札幌控訴院)	〒064-0820 中央区大通西13丁目 ☎011-251-0731	月・年末年始，無料
札幌市青少年科学館	〒004-0051 厚別区厚別中央1-5-2 ☎011-892-5001	月＊・毎月最終火・特別展最終日の翌日・年末年始，有料
札幌市手稲記念館	〒063-0062 西区西町南21-3-10 ☎011-661-1017	日・祝・年末年始，無料
札幌市豊平川さけ科学館	〒005-0017 南区真駒内公園2-1 ☎011-582-7555	月＊・年末年始，無料
札幌市埋蔵文化財センター展示室	〒064-0922 中央区南22条西13丁目 札幌中央図書館内 ☎011-512-5430	祝・年末年始，無料
札幌大学埋蔵文化財展示室	〒062-0033 豊平区西岡3-7-3 ☎011-852-1181	月・火・金・日・年末年始，予約，無料
札幌彫刻美術館	〒064-0957 中央区宮の森4条12丁目 ☎011-642-5709	月・年末年始，有料
サッポロビール博物館	〒065-0007 東区北7条東9丁目 サッポロビール札幌工場内 ☎011-731-4368	年末年始，予約，無料
札幌村郷土記念館	〒065-0013 東区北13条東16丁目 ☎011-782-2294	月＊・年末年始，予約，無料
篠路烈々布郷土資料館	〒002-8081 北区百合が原11丁目194 烈々布会館	予約，無料

名称	所在地・電話番号	休館日など
定山渓郷土博物館	〒061-2302 ☎011-771-2509 南区定山渓温泉東4丁目	11月12日～4月16日,無料
定山渓ダム資料館	〒061-2301 ☎011-598-2604 南区定山渓8区 ☎011-598-2513	開館日(5月上旬～11月上旬,期間中無休),無料
千歳鶴酒ミュージアム	〒060-0053 中央区南3条東5丁目 ☎011-221-7106	毎月第3水・年末年始,無料
つきさっぷ郷土資料館	〒062-0052 豊平区月寒東2-2-3 ☎011-854-6430	開館(水・土),無料
屯田郷土資料館	〒001-0855 北区屯田5-6-3 屯田地区センター内 ☎011-772-1811	月,無料
豊平館資料展示室	〒064-0931 中央区中島公園1-20 ☎011-511-0985	年末年始,無料
北星学園創立100周年記念館	〒064-0804 中央区南4条西17丁目 ☎011-891-2731	開館(4月～10月の月・水・金),無料
北海道開拓記念館	〒004-0006 厚別区厚別町小野幌53-2 ☎011-898-0456	月・祝(5月3・4・5日,9月15・23日,11月3日は開館)・年末年始,有料
北海道開拓の村	〒004-0006 厚別区厚別町小野幌50-1 ☎011-898-2692	月※・年末年始,有料
北海道大学植物園博物館	〒060-0003 中央区北3条西8丁目 北大植物園内 ☎011-251-8010	月※・11月4日～4月28日,有料
北海道大学植物園北方民族資料室	〒060-0003 中央区北3条西8丁目 北大植物園内 ☎011-221-0066	月※・11月4日～4月28日,有料

名称	所在地・電話番号	休館日など
北海道大学総合博物館	〒060-0810 北区北10条西8丁目 北大構内 ☎011-706-2658	土(第2を除く)・日・祝・年末年始,無料
北海道大学附属図書館北方資料室	〒060-0808 北区北10条西6丁目 北大構内 ☎011-716-2111	土・日・祝・年末年始,無料
北海道鉄道技術館	〒065-0005 東区北5条東13丁目 JR苗穂工場内 ☎011-721-6624	開館日(第1・3土 13:30～16:00),無料
北海道立アイヌ総合センター	〒060-0002 中央区北2条西7丁目 かでる2・7ビル ☎011-221-0462	日・祝・年末年始,無料
北海道立近代美術館	〒060-0001 中央区北1条西17丁目 ☎011-644-6881	月※・年末年始,有料
北海道立文学館	〒064-0931 中央区中島公園1-4 ☎011-511-7655	月・年末年始,有料
北海道立三岸好太郎美術館	〒060-0002 中央区北2条西15丁目 ☎011-644-8901	月※・年末年始,有料
北海道立文書館展示室	〒060-0003 中央区北3条西6丁目 北海道庁内 ☎011-231-4111	年末年始,無料
本郷新記念館	〒064-0957 中央区宮の森4-12 ☎011-642-5709	月・年末年始,有料
簾舞郷土資料館(旧黒岩家住宅)	〒061-2261 南区簾舞1-2-4 ☎011-596-2825	月※・年末年始,無料
三戸部記念館	〒063-0826 西区発寒6-7-1 ☎011-664-1894	予約,無料
宮部金吾記念館	〒060-0003 中央区北3条西8丁目 北大植物園内 ☎011-251-8010	月※・11月4日～4月28日,有料
彌永北海道博物館	〒001-0019 北区北19条西4丁目 ☎011-716-1358	月・年末年始,有料
山鼻記念会館	〒064-0914 中央区南14条西9	開館日 土・日

名称	所在地・電話番号	休館日など
雪印乳業史料館	〒065-0043　東区苗穂町6-1-1　☎011-512-5020　☎011-704-2329	（土祝日のとき休館），無料　土・日・祝・年末年始（5月連休後〜10月末は無休），予約，無料
渡辺淳一文学館	〒064-0912　中央区南12条西6丁目　☎011-551-1282	月・年末年始，有料

〔小樽市〕

名称	所在地・電話番号	休館日など
石原裕次郎記念館	〒047-0008　築港5-8　☎0134-34-1188	年末年始，有料
小樽港建設資料館	〒047-0008　築港2-2　☎0134-22-6131	土・日・祝・年末年始，無料
小樽交通記念館	〒047-0041　手宮1-3-6　☎0134-33-2523	11月3日〜4月9日，有料
小樽市博物館(旧小樽倉庫)	〒047-0031　色内2-1-20　☎0134-33-2439	年末年始，有料
我楽古多博物館	〒047-0013　奥沢1-16-14　☎0134-29-1091	月・11月〜3月，有料
北一ヴェネツィア美術館	〒047-0027　堺町5-27　☎0134-33-1717	元旦，有料
北のウォール街資料館	〒047-0021　入船3-16　☎0134-22-1134	土・日・祝・年末年始，予約，無料
北の誉酒造・酒泉館	〒047-0013　奥沢1-21-51　☎0134-22-2176	年末年始，無料
市立小樽美術館	〒047-0031　色内1-9-5　☎0134-34-0035	月※・年末年始・展示替期間，有料
市立小樽文学館	〒047-0031　色内1-9-5　☎0134-32-2388	月※・年末年始，有料
相馬民具美術資料館	〒048-2562　蘭島1-15-15　☎0134-64-2960	月・年末年始，有料

名称	所在地・電話番号	休館日など
手宮洞窟保存館	〒047-0041　手宮1-3-4　☎0134-24-1092	11月4日～3月31日の月(祝日以外)・祝日の翌日(土日除く)・年末年始, 無料
もったいない博物館	〒047-0014　住ノ江1-7-25　☎0134-27-4100	日・12月中旬～3月末, 有料
森ヒロコ・スタシス美術館	〒047-0034　緑1-16-33　☎0134-25-1041	開館日(金・土・日・祝), 有料

〔余市町〕

名称	所在地・電話番号	休館日など
ウイスキー博物館	〒046-0003　黒川町7-6　ニッカウヰスキー余市蒸留所内　☎0135-23-3131	年末年始, 無料
フゴッペ洞窟	〒046-0001　栄町87　☎0135-22-6170	月※・年末年始, 有料
余市宇宙記念館(スペース童夢)	〒046-0003　黒川町6-4-1　☎0135-21-2200	月※(冬季のみ)・年末年始, 有料
よいち水産博物館	〒046-0011　入舟町21　☎0135-22-6187	月※・年末年始, 有料
余市町歴史民俗資料館	〒046-0011　入舟町21　☎0135-22-6187	月※・年末年始, 有料

〔江別市〕

名称	所在地・電話番号	休館日など
江別市郷土資料館	〒067-0002　緑町西1-38　☎011-385-6466	月※・月末の金・年末年始, 有料
江別市屯田資料館(江別市郷土資料館分館)	〒069-0817　野幌代々木町38-11　☎011-385-4766	開館日(4月29日～11月3日), 無料
江別セラミックアートセンター	〒067-0832　西野幌114-5　☎011-385-1004	月※(ただし祝日が土・日の場合は火)・年末

名称	所在地・電話番号	休館日など
札幌学院大学考古学資料室	〒069-0833　文京台11　☎011-386-8111	年始，有料 火・金・土・日・祝・年末年始，無料
北海道立埋蔵文化財センター	〒069-0832　西野幌685-1　☎011-386-3231	月・祝・年末年始，案内必要のとき予約，無料

〔千歳市〕

名称	所在地・電話番号	休館日など
しょうゆミニ博物館	〒066-0051　泉沢1007-53　☎0123-28-3888	土・日・祝日・年末年始，予約，無料
千歳サケのふるさと館	〒066-0028　花園2　インディアン水車公園内　☎0123-42-3001	年末年始，有料
ビールの小さな博物館	〒066-0077　上長都949-1　キリンビール千歳工場　☎0123-24-5606	11月～5月は月曜・4月～10月は第4月曜・年末年始，無料

〔恵庭市〕

名称	所在地・電話番号	休館日など
恵庭市郷土資料館	〒061-1375　南島松157-2　☎0123-37-1288	月※・月末の金・月祝日のとき翌日と翌々日，年末年始，無料
恵庭RBパークセンタービル(カリンバⅢ遺跡展示室)	〒061-1374　恵み野北3-1-1　☎0123-36-3113	月※・月末の金・月祝日のとき翌日と翌々日，年末年始，無料
本間コレクション	〒061-1412　白樺1-1-1　☎0123-34-1522	月・12月20日～3月・臨休あり，有料

〔石狩市〕

名称	所在地・電話番号	休館日など
石狩川治水史資料館 (川の博物館)	〒061-3244　新港南1-28-24 　　　　　☎0133-64-2507	年末年始，無料
石狩市郷土資料室	〒061-3377　親船町65 　　　　　☎0133-72-3173	月・火・12月～ 3月，無料
石狩市公民館酪農資料室	〒061-3216　花川北6-1-42 　　　　　☎0133-74-2249	火・年末年始， 無料
石狩浜海浜植物保護センター	〒061-3372　弁天町48-1 　　　　　☎0133-60-6107	火・11月4日～ 4月28日，無料
尚古館(石狩尚古社)	〒061-3375　本町3 　　　　　☎0133-62-3380	予約，無料

札幌市・小樽市および周辺の指定文化財(国・道指定)

無印は国指定，＊印は道指定文化財

名称	所有者・所在地
〔建造物〕	
八窓庵(旧舎那院忘筌)	札幌市・中島公園
豊平館	札幌市・中島公園
北海道庁旧本庁舎(赤れんが庁舎)	北海道・札幌市
北海道大学農学部第2農場耕馬舎・穀物庫等全9棟	文部科学省・北海道大学
旧札幌農学校演武場(時計台)	札幌市・札幌市
北海道大学農学部植物園・博物館　6棟	文部科学省・北海道大学
琴似屯田兵屋＊	琴似神社・札幌市
旧永山武四郎邸＊	札幌市・札幌市
旧日本郵船株式会社小樽支店	小樽市教育委員会・小樽市
旧手宮鉄道施設(機関車庫2棟，転車台，貯水槽，危険品庫，擁壁)	小樽市・小樽市
にしん漁場建築(旧田中家母屋)＊	小樽市・小樽市
旧下ヨイチ運上家	余市町・余市町
野幌屯田兵第二中隊本部＊	江別市・江別市
〔彫刻〕	
阿弥陀如来立像＊	天融寺・恵庭市
木造五百羅漢像＊	宗圓寺・小樽市
〔考古資料〕	
札幌市K446遺跡出土の遺物17個＊	札幌市・札幌市
天内山遺跡出土の遺物171点＊	余市町・余市町歴史民俗資料館
動物形土製品(複製品が千歳市立図書館の郷土資料コーナーに展示)	千歳市
土製仮面	文化庁(北海道立埋蔵文化財センターに所在)
北海道江別太遺跡出土品　59点	江別市・江別市郷土資料館
北海道元江別Ⅰ遺跡土壙墓出土品　　土器類　　　深鉢形土器　40個，鉢形土器　16個，高台付鉢形土器　2個，壺形土器14個　　玉　類　　　碧玉管玉　48個，石製管玉　21個，	文化庁・江別市郷土資料館

名称	所有者・所在地
琥珀玉　3598個，玉製環　1個，石製環　1個 　石器類 　　石鏃　135本，石製銛頭　2本，筓状石器　37個，磨製石斧　61個，掻器　41個，石錐残欠　2個，磨石・敲石　24個，砥石　6個 　附　土器片・剝片・琥珀玉残欠　一括	
〔史跡〕（記念物史跡含む）	
開拓使札幌本庁本庁舎跡及び旧北海道庁本庁舎	北海道・札幌市
琴似屯田兵村兵屋跡	札幌市・札幌市
旧下ヨイチ運上家	余市町・余市町
フゴッペ洞窟	余市町・余市町
旧余市福原漁場　7棟	余市町・余市町
大谷地貝塚	余市町，安田貢，安田正俊・余市町
西崎山環状列石*	余市町・余市町
キウス周堤墓群	千歳市・千歳市
ウサクマイ遺跡群	千歳市・千歳市
江別古墳群	江別市・江別市
手宮洞窟	小樽市教育委員会・小樽市
忍路環状列石	小樽市教育委員会・小樽市
地鎮山環状列石*	小樽市教育委員会・小樽市
〔天然記念物〕	
円山原始林	林野庁・札幌市
藻岩原始林	林野庁・札幌市
北海道犬	
〔重要有形民俗文化財〕	
アイヌのまるきぶね	文部科学省・北海道大学
〔重要無形民俗文化財〕	
アイヌ古式舞踊	札幌ウポポ保存会・札幌市
アイヌ古式舞踊	千歳アイヌ文化伝承保存会・千歳市
〔**無形文化財**〕	
松前神楽	木村　修・小樽市

参考文献

『厚別区ガイド』　札幌市厚別区役所市民部総務企画課　2001
『あつべつ見聞録(第3版)』　札幌市厚別区市民部総務課公聴係編　札幌市厚別区役所　1997
『石狩川の碑(いしぶみ)』　財団法人石狩川振興財団編刊　1996
『石狩町誌』上・中巻一，二　石狩町編刊　1972・85・91
『石狩の碑』第一・二輯　石狩町郷土研究会　1987・88
『石狩八幡物語』　大野忠夫　孔文社　1975
『石狩辨天社史』　田中實・石橋孝夫編　石狩辨天社創建三百年記念事業実行委員会　1994
『恵庭市史』　渡辺茂編　恵庭市役所(非売品)　1979
『江別見聞録』　江別観光協会　1999
『江別古墳群』　江別市郷土資料館編　江別市教育委員会　1998
「江別市郷土資料館解説パンフレット」　江別市郷土資料館　1992
『江別市郷土資料館展示図録』　江別市郷土資料館編刊　1991
『江別市郷土資料館解説集録』　江別市郷土資料館編刊　1996
『江別市史』上・下巻　渡辺茂編　江別市役所　1960
『江別の屯田兵』　江別市郷土資料館編刊　1997
『江別文化の道具』　江別市郷土資料館編　江別市郷土資料館友の会　1994
『小樽』(改訂版)　朝日新聞社小樽通信局編　北海道教育社　1979
『小樽散歩案内』　佐藤圭樹編　ウィルダネス　2001
『小樽市史』第1〜10巻　小樽市編刊　1958-2000
『小樽食べたい読本』　小樽セルフィーユ編著　亜璃西社　1989・97
『小樽の建築探訪』　小樽再生フォーラム編　北海道新聞社　1995
『小樽の文化財』(パンフレット)　小樽市教育委員会　2000
『小樽歴史探訪』　小野洋一郎　共同文化社　1999
『小樽歴史ものがたり』　小樽郷土史研究会編　北海道教育社　1989
『おもしろいマチ　札幌』　武井時紀　北海道出版企画センター　1995
『ガイドブック　小林多喜二と小樽』　小林多喜二祭実行委員会編　新日本出版社　1994
『角川日本地名辞典1　北海道』上・下巻　「角川日本地名大辞典」編纂委員会　角川書店　1987
『北区ガイド』　札幌市北区役所市民部総務課　札幌市北区役所　2001年
『北の考古学散歩』　野村崇　北海道新聞社　2000
『北の建物散歩』　越野武・北大建築史研究室編　北海道新聞社　1993
『近世の江別』　江別市郷土資料館編刊　1997
『ぐるっと案内』　(社)石狩観光協会　2001
『琴似屯田百年史』　琴似屯田百年史編纂委員会編　1974

「琴似又市と幕末・維新期のアイヌ社会」谷本晃久レジュメ『平成14年度アイヌ文化等普及啓発セミナー』　財団法人アイヌ文化振興・研究推進機構編　2002

『サッポロこぼれある記　北の街のひろがり』　堀淳一　そしえて　1986

『札幌市創建120年記念さっぽろ・ふるさと文化百選』　札幌市市民局市民文化課編　1988

『札幌の建築探訪』　北海道近代建築研究会編　北海道新聞社　1998

『さっぽろ文庫1　札幌地名考』　札幌市教育委員会文化資料室編　札幌市・札幌市教育委員会　1977(以下のものは, 札幌市教育委員会文化資料室編　札幌市・札幌市教育委員会発行の『さっぽろ文庫』である)

『さっぽろ文庫6　時計台』　1978

『さっぽろ文庫7　札幌事始』　1979

『さっぽろ文庫12　藻岩・円山』　1980

『さっぽろ文庫15　豊平館・清華亭』　1980

『さっぽろ文庫18　遠友夜学校』　1981

『さっぽろ文庫19　お雇い外国人』　1981

『さっぽろ文庫23　札幌の建物』　1982

『さっぽろ文庫32　大通公園』　1985

『さっぽろ文庫33　屯田兵』　1985

『さっぽろ文庫34　新渡戸稲造』　1985

『さっぽろ文庫39　札幌の寺社』　1986

『さっぽろ文庫40　札幌収穫物語』　1987

『さっぽろ文庫41　札幌とキリスト教』　1987

『さっぽろ文庫45　札幌の碑』　1988

『さっぽろ文庫61　農学校物語』　1992

『さっぽろ文庫63　札幌文学散歩』　1992

『さっぽろ文庫66　札幌人名事典』　1993

『さっぽろ文庫77　地形と地質』　1996

『さっぽろ文庫84　中島公園』　1998

『さっぽろ歴史なんでも探見』　山谷正　北海道新聞社　1993

『さっぽろ歴史散歩』　山崎長吉　北海タイムス　1984

『さっぽろ歴史散歩　山辺の道——定山渓紀行』　山崎長吉　北海道出版企画センター　1995

『史跡が語る江別の歩み』　江別市教育委員会編　2001

『修学旅行・研修旅行テキストブック　小樽』　小樽市経済部観光振興室編　2001

『新札幌市史』第1・4巻　札幌市教育委員会編　札幌市(販売：北海道新聞社)　1989・97

『新版　北大マップ　絵で見る北海道大学』　北海道大学図書刊行会編　2001

『新版 北海道の歴史散歩』 北海道歴史教育研究会編 山川出版社 1994
『新聞に見る北海道の明治・大正-報道と論説の功罪-』 佐藤忠雄 北海道新聞社 1980
『新北海道史』第3・4巻 北海道 1971・73
『なえぼ散策マップ』 株式会社ノーザンクロス編 苗穂駅周辺まちづくり連絡協議会 2001
『西岡百年史』 西岡開基百年史編集委員会編 西岡開基百年記念祝賀協賛会 1991
『年表で見る北海道の歴史』 北海道新聞社編 2001
『東区今昔』 札幌市東区総務課広聴係編 札幌市東区総務部総務課 1979
『東区今昔「大友堀」』 札幌村歴史研究会・札幌市東区総務部総務課編 札幌市東区役所総務部総務課 1982
『東区今昔3「東区拓殖史」』 札幌村郷土記念館・札幌市東区総務部総務課編 札幌市東区役所 1983
『ひがしく再発見 まちの歴史講座①東区の原風景』 札幌市東区市民部総務企画課編 札幌市東区役所 2002年
『北大歴史散歩』 岩沢健蔵 北海道大学図書刊行会 1986
『ほっかいどう開拓記念館常設展示解説書』 1～8 北海道開拓記念館 1999
『北海道大百科辞典』 上・下巻 北海道新聞社編 1981
『北海道と明治維新』 田中彰 北海道大学図書刊行会 2000
『北海道の百年』 永井秀夫・大庭幸生編 山川出版社 1999
『北海道の文化財』 北海道教育委員会監修・乳井洋一 北海道新聞社 1992
『北海道の歴史』 田端宏・桑原真人・船津功・関口明 山川出版社 2000
『北海道身近な歴史紀行』 地蔵慶護 北海道新聞社 1999
『南区のあゆみ 区政十周年記念』 札幌市南区役所総務課広聴係編 札幌市南区役所総務部総務課 1982
『みなみ区ふるさと小百科』 みなみ区ふるさと小百科編集委員会 南区役所市民部総務課 1997

年表

時代	西暦	年号	事項
旧石器時代			陸橋が水没し，北海道が島となる。白滝遺跡の黒曜石，本州・サハリン・シベリアからも出土する
縄文時代		草創期	江別市大麻Ⅰ遺跡から本道最古の土器が出土する
		早期	アムール地域を故郷とする石刃鏃が，道東部を中心に分布
		前～中期	縄文海進が進み，道内各地に貝塚がつくられる
		後期	道東部に遺跡がみられなくなり，道南部にかたよりがみられる。渡島支庁管内南茅部町磨光B遺跡から出土したアスファルトは本州との交流を示す
		後～晩期	環状列石・環状土がつくられ，呪術的精神文化の高揚がみられる
続縄文時代		前期	伊達市有珠モシリ遺跡から出土した貝製品は，西日本との間に"貝の道"があったことを示す
		後期	道央部を中心に，河川を利用したサケ・マス漁に依存。この時期の土器が東北地方から出土
飛鳥時代	658	(斉明4)	阿倍比羅夫，日本海を北征する。以後3年にわたり北征
	659	(5)	阿倍比羅夫，後方羊蹄(しりべし)に政所をおく
	660	(6)	阿倍比羅夫，渡嶋蝦夷とともに粛慎を討つ
平安時代	795	延暦14	勃海の使者，夷地志理波村に漂着し，殺略される
	802	21	渡嶋蝦夷と王臣貴族が私的に毛皮の交易をするのを禁止する
	810	弘仁元	渡嶋蝦夷200余人，陸奥国気仙郡に漂着
	875	貞観17	渡嶋蝦夷の水軍80艘が出羽国秋田・飽海に来襲
	1067	治暦3	このころ，源頼俊，衣曽別嶋の荒夷を討つ
	1189	文治5	藤原泰衡，夷狄嶋をめざすも肥内郡で殺害される
鎌倉時代	1216	建保4	鎌倉幕府，強盗・海賊など50人を夷嶋に追放する
	1219	承久元	このころ，執権北条義時のもと安東氏，蝦夷管領を命ぜられる
	1224	元仁元	

時代	西暦	年号	事項
	1322	元亨 2	このころ，津軽安東氏で内紛が発生，アイヌが参戦する
	1328	嘉暦 3	
室町時代	1443	嘉吉 3	安東盛季，南部氏にやぶれ十三湊を放棄し夷嶋にのがれる
	1454	享徳 3	安東政季，武田信広らを伴い夷嶋にのがれる
	1457	長禄元	コシャマインに率いられたアイヌ軍，道南の10館を陥落させるが，上ノ国花沢館主蠣崎季繁の客将武田信広に討たれる。武田氏は蠣崎を名乗る
	1514	永正 11	蠣崎光広，上ノ国から松前に居城を移す
	1551	天文 20	蠣崎季広，アイヌとの間に「夷狄の商舶往還の法度」を結び，交易の制を定める
安土・桃山時代	1590	天正 18	蠣崎慶広上京，聚楽第ではじめて秀吉に拝謁（民部大輔に叙任）
	1593	文禄 2	蠣崎慶広，肥前名護屋の陣営にて秀吉に拝謁。その後，秀吉より国政の朱印状を受ける
	1599	慶長 4	蠣崎慶広，大坂城にて徳川家康に拝謁，系図と地図を献呈。このとき，蠣崎氏を松前氏に改める
江戸時代	1604	9	松前慶広，徳川家康より国政の黒印状を交付される
	1618	元和 4	この年，イエズス会宣教師アンジェリス，松前に渡来，布教を行う
	1633	寛永 10	幕府巡見使渡来，乙部～松前～石崎の間を視察
	1635	12	この年，村上掃部左衛門，「境内」をめぐり地図作成（「島めぐり」）
	1639	16	松前藩，切支丹宗徒100人余を処刑
	1644	正保元	松前藩，松前絵図（正保御国絵図）を幕府へ呈上
	1648	慶安元	この年，日高地方でメナシクル（シブチャリ）とシュムクル（ハエ）の対立が激化して，抗争が続くようになる
	1669	寛文 9	夏，シブチャリの首長シャクシャインの主導で反和人，反松前藩の戦いがおこる（シャクシャインの戦い）。和睦の酒宴でシャクシャインが謀殺され，戦いは終結する
	1702	元禄 15	飛騨屋の蝦夷松（唐檜）伐木事業はじまる
	1717	享保 2	幕府巡見使，松前に渡来。このときの記録「松前蝦夷記」に場所請負のはじまりを示す記事が

時代	西暦	年号	事項
江戸時代			あらわれる
	1719	享保 4	松前家、万石以上の格式を認められる。この年、松前藩、従来の定量の鰊役を改め、漁獲量の15分の1の定率課税とする
	1722	7	松前の問屋15軒の問屋株許可となる
	1740	元文 5	松前藩、幕命によって俵物を長崎へ送る
	1767	明和 4	ロシア船、エトロフ島へくる
	1778	安永 7	ロシア船、アッケシに来航、松前藩に通商を要求。松前藩、翌年これを拒否
	1783	天明 3	工藤平助「赤蝦夷風説考」をあらわす。翌年、蝦夷地調査の必要性を示す資料として老中田沼意次のもとへ提出される
	1785	5	幕府の蝦夷地調査隊、2隊に分かれて東西蝦夷地を調査。翌年、最上徳内らクナシリ・エトロフ・ウルップ島を調査。大石逸平はカラフトを調査
	1789	寛政元	クナシリ・メナシアイヌ、飛驒屋の使用人らの横暴に抗して蜂起(クナシリ・メナシの戦い)、71人の和人が殺害される。アイヌ首長たちの協力で松前藩が鎮圧に成功する
	1792	4	ロシアの遣日使節ラクスマン、大黒屋幸太夫らを伴ってネモロに来航。翌年、松前で幕府が交渉して通商は拒否、長崎に来航の信牌を交付し帰国させる
	1798	10	幕府の蝦夷地巡見使、松前に着く。近藤重蔵らエトロフ島へわたり、「大日本恵登呂府」の標注を立てる
	1799	11	東蝦夷地の仮上知を決定。東蝦夷地の場所請負制を廃して幕府の直営による蝦夷地経営をはじめる(第1次蝦夷地幕領期)。高田屋嘉兵衛、エトロフ航路をひらく
	1802	享和 2	幕府、東蝦夷地の仮上知を改め永上知とする。蝦夷奉行(のち箱館奉行)を設置
	1804	文化元	ロシアの遣日全権使節レザノフ、信牌をもって長崎に来航、通商を求める。翌年3月まで交渉、通商を拒絶されて帰る。幕府、蝦夷地に善光寺・等澍院・国泰寺の蝦夷三官寺を創建
	1806	3	レザノフの部下フヴォストフ、カラフトをおそ

時代	西暦	年号	事項
江			い掠奪・放火など乱暴をはたらく。翌年もエトロフ島襲撃などの乱暴をはたらく
	1807	文化 4	幕府，松前・西蝦夷地一円の上知を決定。松前藩は奥州梁川へ転封
	1808	5	松田伝十郎・間宮林蔵のカラフト調査が行われ，カラフトが島であることがあきらかになる。翌年，幕府はカラフトを北蝦夷地と称すべきこととする
	1811	8	ロシア船将ゴローウニンら8人，クナシリ島でとらえられ，松前に幽閉される。翌年には高田屋嘉兵衛がクナシリ近海でとらえられ，カムチャツカへ連行される
戸	1812	9	幕府，東蝦夷地の直営を中止，入札で請負人を決めることとする
	1813	10	高田屋嘉兵衛の仲介で，幕府がロシア政府陳謝の意を認めるかたちで，ゴローウニンら箱館より帰国
	1821	文政 4	幕府，松前・蝦夷地一円の松前家への還付を決定
	1845	弘化 2	松浦武四郎，東蝦夷地・箱館・松前をめぐる。以後，安政年間までに東西蝦夷地・カラフト・クナシリ・エトロフを調査
	1849	嘉永 2	幕府，警備強化のため松前藩に築城を命ずる(竣工は1854年)
時	1853	6	ペリー，浦賀に来航。プチャーチン，長崎に来航，国交およびカラフト・千島における国境確定を求める
	1854	安政 元	日米和親条約調印。ペリーの艦隊，箱館へ来航。幕府，松前藩より箱館および周辺5～6里四方を上知。箱館奉行をおく。日露通交条約調印
	1855	2	箱館開港。箱館奉行再設置。幕府，木古内以東，乙部以北の地を上知(第2次蝦夷地幕領期)。大網使用に反対の漁民，西蝦夷地各地で大網を切り破る(網切騒動)。松前藩，蝦夷地上知の替地として陸奥国伊達郡梁川・出羽国村山郡東根をあたえられ，3万石の大名となる
代	1858	5	ロシア領事ゴスケヴィチ，箱館に駐在
	1859	6	ロシア使節ムラヴィヨフ，カラフト全島領有を

時代	西暦	年号	事項
			主張し品川で交渉。幕府、蝦夷地を東北諸藩に分与、警備・開拓にあたらせる
	1860	万延元	箱館にハリストス聖堂建立
	1864	元治元	五稜郭完成、箱館奉行所ここへ移る。松前藩主松前崇広、老中に任ぜられる
	1867	慶応3	小出秀実が交渉をおこない樺太島仮規則調印、日露両国人雑居を決める
明治時代	1868	明治元	箱館裁判所設置(総督仁和寺宮嘉彰親王)。小樽内・銭函の漁民600人余、賦役の軽減などを求めて官署をおそう(小樽内騒動)。箱館裁判所を箱館府と改称。榎本武揚の率いる集隊、鷲ノ木に上陸し五稜郭・箱館にむかう
	1869	2	五稜郭の旧幕府軍降伏し、箱館戦争おわる。15代藩主松前兼広、版籍奉還して館藩知事となる(松前藩改称)。開拓使設置。蝦夷地を北海道と改称し、11国86郡をおく。開拓使、場所請負人を廃止(漁場持と改称して従来の経営を認める)。開拓判官島義勇、札幌本府建設に着手
	1870	3	樺太開拓使をおく(明治4年、北海道開拓使に合併)。兵部大丞黒田清隆を開拓次官とし、樺太専務を命じる。伊達邦成らが移住
	1871	4	廃藩置県により、館藩を廃し県をおく。樺太開拓使を北海道開拓使に合併。開拓使顧問ホーレス・ケプロンら来日
	1872	5	開拓使、北海道土地売貸規則・地所規則を制定。札幌機械所創設。開拓使、地質鉱物調査にベンジャミン・S・ライマンらを招聘
	1873	6	爾志郡熊石村近傍の漁民、税法改正に反対し強訴。騒動は福山・江差地方に波及し、暴動化し翌月に至る(福山・檜山騒動)。亀田・札幌間の新道完成(札幌本道)。中山久蔵、島松で水稲試作
	1874	7	陸軍中将兼開拓次官黒田清隆、参議兼開拓長官に任じられる。屯田兵制度制定(屯田兵例則発布)。翌年、最初の屯田兵198戸965人が札幌郡琴似村へ
	1875	8	樺太・千島交換条約調印。樺太からアイヌ108戸841人を天塩国宗谷に移す

時代	西暦	年号	事項
明治時代	1876	明治 9	札幌農学校の開校式挙行(教頭ウィリアム・S・クラーク)
	1877	10	屯田兵第1大隊, 西南戦争に出動。北海道地券発行条例制定
	1878	11	北溟社, 『函館新聞』を創刊(本道最初の新聞)。開拓使, アイヌの取扱い上, 呼称の区別をするときは「旧土人」とする
	1879	12	幌内炭山開坑。英国人宣教師ジョン・バチラー, アイヌへ伝導開始
	1880	13	小樽手宮・札幌間に鉄道開通。十勝国に発生したバッタ, 日高・胆振・石狩におよび大被害をもたらす
	1881	14	樺戸集治監開庁。御前会議, 開拓使官有物払下げ中止・明治23年の国会開設などを決定(明治十四年の政変)。明治天皇北海道視察
	1882	15	開拓使を廃し, 函館・札幌・根室の3県をおく。空知集治監開庁。札幌・幌内間汽車運転式挙行
	1883	16	農商務省に北海道事業管理局をおき, 旧開拓使の官営事業を移管
	1884	17	占守島からアイヌ97人を色丹島に移す
	1885	18	太政官大書記官金子堅太郎, 道内を視察(帰京後「北海道三県巡視復命書」を提出)。釧路集治監開庁。屯田兵条例制定
	1886	19	3県1局を廃し, 北海道庁を設置(司法大輔岩村通俊, 初代道庁長官に就任)。北海道土地払下規則公布。アトサヌプリ硫黄山で囚人労働。北海道師範学校創立
	1887	20	渋沢栄一・大倉喜八郎ら, 札幌麦酒会社を設立
	1888	21	北海道庁の本庁舎落成。千歳川に鮭ふ化場開設
	1889	22	函館・江差・福山に徴兵令施行。北海道炭礦鉄道会社(北炭)設立。囚人による北見道路工事はじまる
	1890	23	屯田兵条例改定, 以後平民屯田となる
	1891	24	小樽で『北門新報』創刊(中江兆民, 主筆として来樽)
	1892	25	北炭, 夕張炭鉱の採炭を開始。輪西・岩見沢間, 追分・夕張間鉄道開通
	1893	26	北垣国道長官,「北海道開拓意見書」を内務大

時代	西暦	年号	事項
明治時代	1894	明治27	臣に提出 新渡戸稲造ら、遠友夜学校を設立。北炭の坑夫約130人、賃上げ要求ストライキ。幌内炭鉱、囚人使役を中止
	1895	28	屯田兵を中心に臨時第7師団を創設。札幌・函館に中学校設置
	1896	29	渡島・胆振・後志・石狩4国に徴兵令施行。札幌に第7師団を設置、屯田兵司令部を廃止。北海道鉄道施設法発布。
	1897	30	北海道国有未開地処分法公布
	1898	31	北海道全域に徴兵令施行
	1899	32	北海道旧土人保護法公布。札幌・函館・小樽に区制施行
	1900	33	近文給与地からのアイヌ移住命令に反対運動おこる(道庁長官、近文アイヌの留住を認める)。北海道拓殖銀行設立。第7師団、旭川へ移転
	1901	34	北海道毎日新聞・北門新報・北海時事の3社合併し、北海タイムス社を設立、『北海タイムス』を創刊。北海道拓殖10年計画実施。第1回北海道会
	1904	37	日露戦争に第7師団出征。函館・小樽間鉄道開通
	1906	39	鉄道国有法により、北海道炭礦鉄道会社は鉄道を買収され、北海道炭礦汽船会社と改称
	1907	40	北炭幌内炭山の争議、暴動化する。札幌農学校、東北帝国大学農科大学となる。日本製鋼所、室蘭に設立(北炭と英国の2社の出資)
	1908	41	国有鉄道青函連絡船営業開始
	1909	42	道庁本庁舎の内部全焼、公文書多数を失う
大正時代	1917	大正6	日鋼室蘭工場職工、友愛会支部員を中心にストライキ突入
	1918	7	北海道帝国大学を札幌に設置。開道50年記念の北海道博覧会、札幌・小樽で開催(50日間、入場者140万人)。これを機に札幌に路面電車が走る
	1922	11	有島武郎、小作人に狩太村有島農場解放の所信をのべる。札幌・函館・小樽・旭川・室蘭・釧路、区制を廃し市制を施行

時代	西暦	年号	事項
昭和時代	1927	昭和 2	第2期北海道拓殖計画実施(20カ年計画)
	1928	3	全国で共産党関係者を一斉検挙。道内の検挙者250人(三・一五事件)。日本放送協会札幌放送局開局
	1929	4	小林多喜二「不在地主」発表
	1930	5	北海道アイヌ協会設立
	1933	8	王子製紙, 富士製紙・樺太工業を合併, 樺太の製紙業を独占
	1936	11	天皇, 陸軍特別大演習のため室蘭に到着。以後道内各地を巡幸
	1939	14	朝鮮人労働者の道内強制連行はじまる。ソ連船インディギルガ号, 宗谷郡猿払村沖で遭難
	1940	15	札幌で米の通帳配給制を実施(全国初)。北部軍司令部を札幌に設置
	1942	17	北海タイムス・小樽新聞など11紙, 合併して『北海道新聞』を創刊
	1944	19	壮瞥村の麦畑大爆発(昭和新山の出現)
	1945	20	北海地方総監府を札幌に設置。室蘭・釧路・根室・函館ほか全道各地, アメリカ軍の空襲・艦砲射撃をうける。道内各炭鉱で朝鮮人・中国人労働者の闘争による暴行事件あいつぐ
	1946	21	北海道アイヌ協会, 静内で設立。道庁, 北海道開拓者集団入植施設計画を定め, 緊急開拓事業を進める
	1950	25	第1回札幌雪まつり。北海道開発庁設置
	1954	29	青函トンネル工事の起工式挙行。地質調査のボーリング開始。米駐留軍, 北海道から撤退を開始, かわって自衛隊の移駐はじまる
	1956	31	根釧原野パイロット・ファームの入植開始
	1961	36	北海道アイヌ協会, 北海道ウタリ協会と改称
	1972	47	第11回冬季オリンピック札幌大会開幕。札幌市, 政令指定都市となる
	1988	63	JR津軽海峡線(函館・青森間)開業。青函連絡船廃止
平成時代	1989	平成元	北電の泊原発1号機営業運転を開始
	1997	9	「アイヌ文化振興法」, 衆議院で可決成立。北海道拓殖銀行経営破綻

索引

太字は，第Ⅱ部事典項目の頁数を示す。

▼ア

会津藩　43,126,157
アイヌ　80,114,161,168,172,173,177,179
アイヌ語　2,113,128,161,173
アイヌ交易　86,109
アイヌ同化政策　182
アイヌの口承文芸　19
アイヌ文化　6,161,169,178
アイヌ民族資料　161,189
アインシュタイン・ドーム　171
赤レンガ　72,74,104,135,175,176,180
商場知行制　7,**86**,119,160
秋野総本店薬局・蔵　16,**86**
浅草観音寺聖観音立像　54,**86**
浅野次郎右衛門　19,**87**,138
旭山記念公園　33,**87**
天内山遺跡　67,192
有島武郎(旧邸,碑)　38,**87**,88,101,140
あんパン道路　35,**88**

▼イ

石狩川　2,78,80,82,88,91,114,122,163
石狩市郷土資料室　79,**88**
石狩尚古社　79,**89**
イシカリ場所改革　26,**89**,109
石狩八幡神社　79,**90**
石狩番屋の湯　80
石狩弁天社(弁天社)　79,80,**90**
石川啄木(像)　27,53,63,**91**,101,109,144,150,193
石川啄木居住の地　63,**91**
石造りサイロ　35,46,75,122,128
石造り倉庫　10,49,56,57,61
イシヤチョコレートファクトリー　44,**92**
石山軟石採掘場跡(石山緑地)　38,**92**
遺跡保存庭園　12,**93**
磯野商店　94,95
伊藤博文　64,83,110,166
井上伝蔵(伊藤房次郎)　89
猪股邸　65,**93**
猪俣安之丞　123,124
伊夜日子神社　18,**93**
色内大通　50,51,53,**93**
岩村通俊(之像)　9,29,**94**,137,166,183

▼ウ・エ

ウィルタ(オロッコ)　14,172
内村鑑三　134,186
宇都宮仙太郎　75,120
海猫屋　53,**94**
運河プラザ　49,107
エゾオオカミ　14,171
エドウィン・ダン記念館　37,**95**
榎本武揚　152,166
江別古墳群(後藤遺跡)　71,**95**,96
江別市ガラス工芸館(旧石田家)　70,71,**96**
江別市郷土資料館　73,**97**,99
江別式土器文化の墳墓群　187
江別市屯田資料館(江別市郷土資料館分館)　70,**97**
江別屯田兵村来住者碑　73,138
江別太遺跡出土品　4,73,**98**
江別兵村開拓記念碑　73,138
遠友夜学校記念室　24,**99**

▼オ

大川遺跡　67,**99**,192
大倉喜七郎　100
大倉山ジャンプ競技場　32,**100**
大通公園　16,**101**
大友亀太郎　8,26,**102**,109,137,182
大友堀　8,26,27,**102**,110
忍路環状列石　3,68,**102**
小樽運河　10,56,61,**103**,149
小樽運河工芸館　57,**104**
小樽オルゴール堂　57,**104**
小樽交通記念館　60,**104**
小樽市公会堂・能楽堂　62,**105**
小樽市手宮洞窟　164
小樽市鰊御殿(ニシン漁場建築・旧

田中家母屋) 59,**106**
小樽市博物館(旧小樽倉庫) 49, 57,**107**
小樽商工会議所 51,**108**
おたる水族館 59,**108**
オタルナイ運上屋敷跡 50,64, **108**
『小樽日報』 91,109
小樽日報社(跡) 53,92,**109**
おたるミルクファーム(旧小樽保証牛乳) 63
御手作場(開墾) 8,26,102,**109**, 130

▼カ

開拓使石狩罐詰所跡 79,**110**
海陽亭(旧魁陽亭・開陽亭) 58, 64,**110**
偕楽園 13,**111**,130,171
カトリック北1条教会(札幌カトリック司教座教会) 15,**111**
カトリック住ノ江教会 64,**112**
カトリック富岡教会 54,**112**
金子煉化石製造所 72
樺戸集治監 82-84,112,150,152, 167
樺戸博物館本館 83,**112**
鴨々川 18,**113**,157
火薬庫(屯田兵第3大隊本部跡) 73,113
我楽古多博物館 65,**113**
樺太アイヌ慰霊碑 72,**114**
樺太移住旧土人先祖之墓 73,114
樺太開拓記念碑 30,183
樺太関係資料展示室 17,**115**
川の博物館 78,**115**

▼キ

北一ヴェネツィア美術館 57,**116**
北のウォール街 49,53
北の大地 48,168
北の誉酒造・酒泉館 65,**116**,193
木村倉庫(現,北一硝子3号館) 49,116
旧青山別邸 59,**116**
旧小熊邸 23,**117**
旧樺戸集治監本庁舎 82,83,84, **117**

旧樺太国境中間標石 63,143
旧共成(現,小樽オルゴール堂) 49,118
旧札幌美以(メソジスト)教会(日本基督教団札幌教会) 15,**118**
旧島松駅逓所 76,**118**
旧下ヨイチ運上家 68,**119**
旧出納邸 75,**120**
旧豊平川河畔遺跡(江別チャシ所在地) 188
旧永山武四郎邸 15,**120**
旧日本郵船株式会社小樽支店 60,**121**
旧馬場農場のサイロ 47,**122**
旧北陸銀行江別支店 73,**122**
旧北海道銀行本店 51,**123**
旧北海道拓殖銀行小樽支店 51, **123**
旧簾舞通行屋(旧黒岩家) 40,41, **123**
旧余市福原漁場 68,**124**
金龍寺 79,80,**125**

▼ク・ケ

久保栄 72
クラーク,W.S. 9,12,13,76, 118,**125**,134,160
黒岩清五郎 41
黒田清隆 83,101,125,156,171
黒沢西蔵 177
恵庭荘 75,**126**

▼コ

琴似神社 43,**126**
琴似屯田兵村兵屋跡 43,**126**
小林多喜二 51,53,54,94,**127**
小林多喜二文学碑 54
コンサドーレ札幌(練習場) 43, 44,92,**127**,128,134
近藤牧場 46,**128**

▼サ

西郷隆盛 89,152
サクシュコトニ川 5,12,**128**
札幌オリンピック 9,32,42,**129**, 131,185
札幌芸術の森 38,**129**
札幌建設の地碑 26,**130**

札幌護国神社　18,**130**
札幌コンサートホール'Kitara'
　18,19
札幌市下水道科学館　45,**130**
札幌市交通資料館　40,**131**
札幌市写真ライブラリー　24,**131**
札幌市資料館(旧札幌控訴院)
　17,**132**
札幌市天文台　18,**132**
札幌市豊平川さけ科学館　42,**132**
札幌市埋蔵文化財センター　22,
　133
札幌祖霊神社　21,**133**
札幌彫刻美術館　33,**133**
札幌ドームHIROBA　9,34,**134**
札幌軟石　15-17,37,38,77,118,
　132,168,189
札幌農学校(現,北海道大学)　9,
　12,**134**,150
サッポロビール博物館　25,**135**
サッポロファクトリー　24,**135**
札幌本道(跡)　76,**136**
札幌本府　26,**136**
札幌村郷土記念館　27,**137**
札幌村神社　27,**137**,170,183
佐藤貢　75,191
茶房あさの(浅野邸)　19,**138**
サメ様　80,90,125
鮫島宅亭　22,**138**

▼シ

史跡飛鳥山(元江別屯田公有地・旧
　競馬場)　73,**138**
時打重錘振子式四面時計　156
篠津山囚人墓地　84
篠路駅周辺の倉庫群　45,**139**
島義勇(像)　8,9,26,30,130,136,
　139,170,171,183
シャクシャインの戦い　161
種羊場　34,176
殉職消防員碑　30,184
定山渓郷土資料館　41,**140**
定山坊　40
白野夏雲の顕彰碑　30,183
市立小樽美術館　53,56,**140**
市立小樽文学館　53,56,**141**
新琴似神社　45,**141**
新琴似屯田兵村　45,141

新琴似屯田兵中隊本部　45,**141**,
　142
真宗大谷派(東本願寺)札幌別院
　19,21,**142**
森林総合研究所北海道支所標本館
　36,**142**

▼ス・セ・ソ

水天宮　63,**143**
出納陽一　75,120
杉野目邸宅　23,**143**
ストーンサークル(環状列石)　3,
　68,**144**
住吉神社　64,**144**
清華亭　13,111,121,128,**145**
関矢孫左衛門　73,146
セラミックアートセンター　73,
　146
千古園　73,**146**
戦没学生記念像「わだつみのこえ」
　134
宗圓寺五百羅漢像　64,**147**
創成川　26,45,113,147,148
続縄文時代集落跡　71,188
空知炭鉱(現,歌志内市)　174

▼タ

第一銀行小樽支店(現,トップジェ
　ント・ファッション・コア)
　50,**148**
大覚寺　27,102,**148**
第百十三国立銀行小樽支店(旧林家
　製茶)　50,**148**
第四十七銀行小樽支店(現,北海道
　紙商事)　51,**149**
高橋倉庫(現,グラス・シップ),篠
　田倉庫(現,小樽海鮮市),木村倉
　庫(現,北一硝子３号館)などの石
　造倉庫　49,**149**
高村光太郎　134
竹鶴政孝　66,**149**
竹屋林長左衛門　119
橘智恵子　27,**150**
橘仁　27,**150**,193
辰野金吾　159
竪穴住居跡　12,93,100,129,188
伊達邦成　155
伊達邦直　82,155

伊達成実　126
伊達藩　156
田中福松　59, 106
タマネギ　27, 137, 139, **150**

▼チ・ツ・テ

中越銀行小樽支店(現, 銀の鐘)
　50, **151**
月形潔　83, 112, **151**, 152, 167
逓信従業員殉職碑　30, 183, 184
手稲金山　138
手宮洞窟・小樽市手宮洞窟保存館
　3, 60, **152**, 164
天徳寺　70, **153**

▼ト

当別伊達記念館・伊達邸別館
　82, **154**
当別町開拓郷土館　83, 154
時計台(旧札幌農学校演武場)
　16, **155**
豊平川　2, 37, 113, 114, 132, 147, 157
屯田兵　8, 15, 21, 22, 43, 45, 70, 98, 126, 127, 130, **156**, 158, 177, 189

▼ナ

ナウマン象　168
中島公園　18, 21, **157**, 162, 187
長野宇平治　123
中山久蔵　76, **157**
永山武四郎　15, **158**, 189
鍋島直正　139
南部忠平顕彰碑　30, **158**

▼ニ・ノ

西出孫左衛門　107
西谷庄八　107
ニシン漁　7, 59, 124, 192
日蓮聖人座像　19, **158**
日露国境画定会議　58, 60, **158**
ニッカウヰスキー余市蒸溜所　66, **159**
新渡戸稲造　24, 99, 134, 186
日本基督教団小樽公園教会　63
日本銀行旧小樽支店　51, **159**
ニヴフ(ギリヤーク)　14, **172**
能楽堂　62

農学部第二農場模範家畜房(モデルバーン)　12, **160**
農業試験場旧庁舎　35, **160**
野口雨情　53, 109
野幌独立移民開拓記念頌徳碑
　146

▼ハ・ヒ・フ

場所請負制　89, 139, **160**
バチラー, J(記念館)　14, **161**
八紘学園　35, **162**
八窓庵　19, **162**
はまなすの丘公園　78, **162**
バルーン・フレーム(風船構造)
　98, 160
東区のななめ通(元村街道)　26, 27
羊ヶ丘展望台　34
フゴッペ洞窟　4, 60, 68, 153, **163**
古河記念講堂　13, **164**
プロレタリア作家　51, 127

▼ヘ・ホ

ヘルベチア・ヒュッテ　41, **165**
弁天歴史公園　79, **165**
坊主山遺跡　187
豊平館　18, 19, 21, 121, 145, 157, **166**
北越殖民社　70, 73
北欧館パン博物館　44, **167**
北星学園創立100周年記念館　23, **167**
北漸寺　84, **167**
戊辰戦争　139, 154, 157
ぽすとかん(旧石山郵便局)　38, **167**
北海道開拓記念館　48, **168**, 178
北海道開拓の村　48, **170**, 178
北海道式古墳　97
北海道神宮　30, **170**
北海道大学植物園博物館　14, **171**
北海道大学植物園北方民族資料室
　14, **171**
北海道大学総合博物館　13, **172**
北海道大学附属図書館北方資料室
　13, **173**
北海道炭礦汽船(北炭)　59, 107, **173**

北海道知事公館　　17, **174**
北海道庁旧本庁舎(赤れんが庁舎,
　開拓使札幌本庁舎跡)　16, **175**
北海道鉄道技術館　　25, **176**
北海道鉄道殉職碑　　30, 184
北海道農業試験場(北海道農業研究
　センター)　34, **176**
北海道への移住者　　76, **177**
北海道方面委員慰霊碑　30, 184
北海道酪農義塾　　75, **177**
北海道立近代美術館　17, **178**
北海道立自然公園野幌森林公園
　47, **178**
北海道立文学館　　19, **178**
北海道立埋蔵文化財センター　47,
　179
北海道立三岸好太郎美術館　17,
　179
北海道立文書館　　16, **180**
北海道立文書館別館　16, **180**
ポーツマス条約　60, 143, 158, **180**
ホーレス・ケプロン　101, 134,
　136, 171
本願寺街道(跡碑)　40, 41, 123,
　142, **181**
本郷新(記念館)　　78, 101, 134,
　186, **187**
本龍寺　27, **181**

▼マ・ミ

真駒内牧牛場　　95
増田トキ　　86
松浦武四郎　9, 76, 136, **182**
マックス・ヒンデル　165, 167
松前藩　86, 90, 108, 115, 119, 147,
　161, 165, 169, 183
円山　　30, 87, 170, **182**
圓山開村記念碑　　29, **183**
円山公園内の石碑　21, 29, **183**
円山八十八カ所　　30
マンサード屋根(腰折れ屋根)
　88, 96, 164
見返りのニレの巨木跡　　84
三岸好太郎　179
水上邸　　65, **184**
簾舞郷土資料館　　181
簾舞通行屋　　181
三井銀行小樽支店　51, **184**

三菱銀行小樽支店　51, **185**
宮の森ジャンプ競技場　32, 129,
　185
宮部金吾記念館　　14, **185**
妙鮫法亀善神　79, 80, 90, 125

▼ム・メ・モ

無辜の民像(石狩開拓者慰霊碑)
　78, **186**
明治天皇御駐蹕之地記念碑　22,
　187
藻岩山　22, 32, 87, 183
毛利衛　67, 192
もったいない博物館　65, **187**
元江別1遺跡土壙墓出土品　73,
　187
森ヒロコ・スタシス美術館　62,
　188

▼ヤ・ユ・ヨ

安田銀行小樽支店(現, 北海経済新
　聞社)　49, **188**
彌永北海道博物館　12, **188**
山鼻記念館　22, **189**
山鼻兵村開設碑　22, **189**
夕張炭鉱(現, 夕張市)　174
湯川公園　71, **190**
雪印乳業史料館　25, **190**
雪印バターの誕生記念館　75, **191**
雪祭り記念館　34, **191**
余市宇宙記念館「スペース童夢」
　67, **192**
よいち水産博物館　67, **192**
吉村昭　152

▼ラ・リ・ル・レ・ロ

酪農　37, 46, 72, 75, 97, 191
林檎の碑　27, **193**
ルーズベルト, T　180
レンガ工場　72
路面電車　9, 21

▼ワ

和光荘　65, **193**
渡辺淳一(文学館)　18, **193**
亘理藩　43, 155, 157

▼編集・執筆者(五十音順)

北海道高等学校日本史教育研究会
荻島勝幸 おぎしまかつゆき(札幌南高等学校)
山北尚志 やまきたたかし(札幌南陵高等学校)
米田 裕 よねたゆたか(札幌東高等学校)

▼執筆者(五十音順)

安藝宏和 あきひろかず(北海道恵山高等学校)
阿部孝則 あべたかのり(札幌平岸高等学校)
石黒清裕 いしぐろきよひろ(札幌平岸高等学校)
亀山範行 かめやまのりゆき(札幌稲西高等学校)
蒲生崇之 がもうたかゆき(札幌旭丘高等学校)
黒田 守 くろだまもる(札幌開成高等学校)
近藤桂子 こんどうけいこ(小樽商業高等学校)
膳亀奈美枝 ぜんがめなみえ(札幌稲北高等学校)
生野将人 はえのまさと(札幌北高等学校)
長谷 厳 はせつよし(札幌星園高等学校)
横井利恵 よこいとしえ(札幌藻岩高等学校)
吉田 徹 よしだとおる(札幌南陵高等学校)

▼写真提供・協力者(五十音順)

浅草観音寺
江別市郷土資料館
小樽市教育委員会
小樽市経済部観光振興室
財団法人北海道開拓の村
札幌市経済局観光部
札幌市市民局生活文化部文化財課
宗圓寺
ニッカウヰスキー北海道工場余市蒸溜所
北海道開発局石狩川開発建設部札幌河川事務所
北海道立近代美術館

札幌・小樽散歩24コース
<ruby>札幌<rt>さっぽろ</rt></ruby>・<ruby>小樽散歩<rt>おたるさんぽ</rt></ruby>24コース

2003年2月25日	1版1刷印刷
2003年3月5日	1版1刷発行

Ⓒ

編者　北海道高等学校
　　　日本史教育研究会

発行者　野　澤　伸　平

発行所　株式会社　山川出版社

〒101-0047　東京都千代田区内神田1-13-13
　　　　電話　03(3293)8131(営業)
　　　　　　　03(3293)8134(編集)
　　　　振替　00120-9-43993
　　　印刷－図書印刷株式会社
　　　製本－株式会社手塚製本所
　　　イラストマップ－橋本 哲
　　　表紙デザイン－菊地信義

ISBN4-634-60980-0

●造本には十分注意しておりますが、万一、落丁・乱丁などがございましたら、小社営業部宛にお送りください。送料小社負担にてお取り替えいたします。
●定価はカバーに表示してあります。

札幌

1 はまなすの丘公園
2 石狩燈台
3 無幸の民像
4 石狩八幡神社
5 石狩弁天社
6 石狩番屋の湯
7 石狩市郷土資料室
8 金龍寺
9 石狩尚古社
10 開拓使石狩謹訪所跡
11 川の博物館
12 当別伊達記念館
13 当別町開拓郷土館
14 篠路駅周辺の倉庫群
15 近藤牧場
16 札幌市下水道科学館
17 新琴似神社
18 コンサドーレ札幌練習場
19 イシヤチョコレートファクトリー
20 旧模範桑園(モデルバーン)
21 北海道大学
22 濃氷北海道博物館
23 清華亭
24 北海道庁旧本庁舎
25 時計台
26 林檎の碑
27 大覚寺
28 札幌村神社
29 本龍寺
30 札幌郷土記念館
31 サッポロビール博物館
32 北海道鉄道技術館
33 雪印乳業史料館
34 北欧館パン博物館
35 琴似屯田兵村兵屋跡
36 琴似神社
37 札幌彫刻美術館
38 大倉山ジャンプ競技場
39 宮の森ジャンプ競技場
40 北海道神宮
41 岩村通俊之碑
42 円山公園
43 開山開拓記念碑
44 北海道立近代美術館
45 北海道立三岸好太郎美術館
46 北海道立文学館(欠番)
47 円山
48 旭山記念公園
49 北星学園創立100周年記念館
50 札幌市資料館
51 藻岩山
52 北海道大学植物園
53 大通公園
54 茶房あさの
55 札幌祖霊神社
56 旧永山武四郎邸
57 カトリック北1条教会
58 サッポロファクトリー
札幌市写真ライブラリー
59 テレビ塔
60 札幌建設の地碑
62 秋野総本店薬局・蔵
62 遠友夜学校記念堂
63 北海道立文書館別館
64 東本願寺
65 八絋学園
66 伊夜日子神社
67 北海道立文学館
69 豊平館
70 妙心寺
71 札幌護国神社
72 札幌中央図書館
73 札幌市青少年科学館
74 真駒内公園
75 札幌市交通資料館
76 エドウィン・ダン記念館
77 旧簾舞通行屋(旧黒岩家)
78 本願寺街道遺跡碑
79 ぽすとかん
80 石山軟石採掘場跡

81 札幌芸術の森
82 有島武郎旧邸
83 札幌ドーム
84 北海道農業試験場
85 羊ヶ丘展望台
86 森林総合研究所北海道支所標本館
87 厚別神社
88 旧出納倉
89 恵庭荘
90 雪印バターの誕生記念館
91 江別寺
92 江別古墳群
92 樺太アイヌ慰霊碑
93 飛鳥山公園
94 江別市郷土資料館
95 火薬庫(屯田兵第3大隊本部)
96 江別市屯田資料館
97 湯川公園
98 江別市ガラス工芸館
99 天徳寺
100 千古園
101 セラミックアートセンター
102 北海道立図書館
103 北海道立埋蔵文化財センター
104 北海道百年記念塔
105 北海道開拓記念館
106 北海道開拓の村
107 旧馬場農場のサイロ
108 緑蔭公園
109 自衛隊駐屯地